FSC
www.fsc.org

5G – von allen Seiten

Schmerz und Heilung

Band 2

Impressum

Zweite, erweiterte Ausgabe.

Autor, Kontakt: Schläpfer, David
Dipl. Informatik Ing., Mediator, Moderator, Elektrobiologe
david.schlaepfer@gmail.com

Gastautor: Armin Risi

Herstellung, Verlag: BoD – Books on Demand, Norderstedt

ISBN: 9-783-7597-5109-6

Die Definition der Worte in diesem Dokument
liegt allein beim Verfasser.

Inhaltsverzeichnis

Verzeichnis der Änderungen:

[Juni24]

Weitere Literatur für die neue Zeit

- **Werkzeuge der neuen Zeit**–Kommunikation und Beziehung*
- **Gesetz der Anziehung:** Ich erschaffe mir meine Welt, so wie sie mir gefällt.
- **So macht Zusammenwohnen Spass***
- **Heilung Männer und Weiber, Trilogie***

Literatur für kritische Bürger

- **5G von allen Seiten:** Was bedeutet Mobilfunk für Kinder, Tiere, Bäume, wie kann man ihn vermeiden und wie kann man sich schützen
- **5G -Schmerz und Heilung:** Berichte von Menschen, die aus dem elektrohochsensiblen Zustand wieder in ein lebenswertes Leben gefunden haben..
- **Wahlen und Abstimmungen:** Ein Krimi. Oder: Wie kann man die Wahlen und Abstimmungen eines ganzen Landes ganz einfach stehlen?

* Diese Bücher erscheinen in Kürze (April 2024)
Vorbestellungen möglich.

Weitere Literatur für Kinder

- **Faszination 1:** So macht Rechnen Spass
- **Faszination 2:** So macht Merken Spass: Grundlagen
- **Faszination 3:** So macht Merken Spass: Zahlen merken
- **Faszination 4:** So macht Merken Spass: Vornamen merken
- **Faszination 5:** So macht Rechtschreibung Spass*
- **Faszination 6:** Staunen*

Vorwort

Ich werde in diesem Buch nicht nur die Geschichten von Menschen beschreiben, wovon 4 trotz höchsten Schmerzen, entgegen jeglicher wissenschaftlicher Ignoranz oder Unwissenheit, ihren Weg zurück in ein lebenswertes Leben gefunden haben und der 5 - Michael nicht so stark betroffen war.

Danach folgen verschiedene Massnahmen, wie man mit Schmerz umgehen kann – Reframing, Mutabor, Übertreiben und viele mehr – aus den verschiedensten Bewusstseinsgebieten – einige uralt – einige wahrscheinlich von Kulturen, die nicht von hier stammen.

Der erste Teil soll Deiner Inspiration dienen: Es gibt Menschen, die es geschafft haben. Es ist möglich. Manches mag bei Dir Resonanz erzeugen, anderes nicht. Geh mit dem, was dich neugierig macht. Nicht alles ist für alle.

Im zweiten Teil lade ich Dich zum Forschen ein, zeige Dir, mit welchen Werkzeugen ich erfolgreich gearbeitet habe. Manche mögen für EHS dienlich sein, andere eher nicht. Probiere aus, spiele damit. Dieses Spielen ist ein erster Schritt aus der Überfokussierung unseres Nervensystems, ein erster Schritt zurück in unsere Ermächtigung. Du entscheidest zu spielen, Du bist nicht mehr ausgeliefert. Du entscheidest, ein anderes Werkzeug zu testen, Du bist nicht mehr das Opfer, Du nimmst die Verantwortung zu Dir zurück. Das scheint mir ein sehr entscheidender Zug zu sein.

Zu guter Letzt lade ich Dich ein, mir zurückzuspielen, was bei Dir welche Ergebnisse gezeigt hat.

Meine Bücher sind ständig in Überarbeitung, ich drucke meist nur kleine Serien, weil immer unklar ist, wie der Markt sich entwickelt.

Die Kleinserien erlauben mir, immer wieder Ergänzungen einzubauen, Feedbacks, Deine Erfolgsgeschichte mitaufzunehmen – das ist der Grund, warum nach dem Inhaltsverzeichnis ein Verzeichnis der Änderungen, und ganz am Anfang beim Copyright ein Datum steht – die Änderungen werden über Zeit mehr, und das Datum ändert sich.

So werden meine Bücher über die Zeit immer breiter abgestützt, sie werden ein Gemeinschaftswerk, in dem ich die Co-Autoren und Beitragenden gerne ehre und nenne, so wie es ihnen gefällt.

-

Ich wünsche Dir von ganzem Herzen Inspiration, gute Erkenntnisse und Heilerfolge innerer und äusserer Art, ich wünsche Dir, dass Du erkennen kannst, was die Schmerzen Dich zu lehren haben, und dass Du sie dann in Frieden loslassen kannst.

Ich wünsche Dir, dass Du in Zukunft mehr über Vorbilder, Träume und Inspirationen lernen kannst, im Wissen, dass der Schmerz immer unser stärkster Bewusstseinstrainer sein wird, der es schafft, uns jederzeit ganz in den Moment zu bringen und uns Dinge verändern lässt, die wir sonst nie in Verantwortung nehmen würden.

Von ganzem Herzen,

David

Vorgeschichte

Nachdem ich mich mit dem Thema mehrere Jahre vertieft habe, habe ich in unserem Dorf, am 18.Dezember 2020, um 02:00 frühmorgens, die Baueingabe einer Swisscom-Antenne entdeckt. Ein strategisch gutes Datum – die meisten Verantwortlichen machen nur noch abschliessende Arbeiten und freuen sich auf die Weihnachtsferien. Auch in den USA werden solche Daten bevorzugt – genau dann, wenn viele Senatoren schon in die Weihnachtsferien gefahren sind, und man diejenigen, die für ein bestimmtes Projekt sind, schon lange vorher informiert und zurückgehalten hat – das gibt die unglaublichsten Abstimmungsergebnisse, sogar ohne Wahlbetrug..

Ich habe trotzdem innert ein paar Tagen eine Widerstandsgruppe in Telegram begründet, tausende Flyer gedruckt und verteilt.

Zusätzlich habe ich mir einen schweren Stapel der Bücher von Ursula Niggli bestellt und Süssigkeiten beim Konditor besorgt, dieser Akt allein hat über 1000.- gekostet.

Darauf habe ich einen Brief an den Gemeinderat, die Menschen im Bauamt, den Besitzer der Liegenschaft, der die Antenne erhalten sollte, sowie alle umliegenden Besitzer geschrieben und die meisten Briefe, mit Büchern und Süssigkeiten selbst vorbeigebracht und mit vielen ein längeres Gespräch geführt.

In der kurzen Frist, in einem Dorf, das sich selbst als «Schlafgemeinde» bezeichnet, einen noch nicht existenten, tragfähigen Widerstand zu formen, schien mir nicht möglich, also bin ich in Vorleistung gegangen.

In einem ersten Anlauf hat mein Effort inklusive des Forderns des Baurechtsentscheides (Kanton Zürich) das Projekt um ein Jahr gestoppt.

Danach ging es weiter, die Telegram-Gruppe war gebildet, das neue, einfachere und günstigere Buch *«5G von allen Seiten»* war geschrieben und gedruckt – der weitere Weg hat sich abgezeichnet. (Dieses Buch hier ist dazu ergänzend geschrieben worden).

Ich war guten Mutes. Die Entscheider, die, wenn sie der gesetzlichen Vorgabe gefolgt wären, sich in den betreuten Themen hätten bilden müssen, hatten jetzt zumindest die Wissensgrundlage erhalten. Die umliegenden Hausbesitzer wussten vom drohenden Werteverlust, der Hausbesitzer, der die Antenne möglich machen wollte, wusste von seiner privaten Haftung, der Chef des Bauamtes und die Gemeinderätin für Infrastruktur wussten um die schädigende Wirkung.
Zu allen hatte ich einen freundlichen, direkten Kontakt.
In der Telegram-Gruppe wurden Inhalte geteilt, die, wie im Fernsehen, das für gewisse Bevölkerungsschichten immer wahr ist, im TV-Style Filme gepostet, die das Sterben der Bienen, die Schäden von Elektrosmog, das Wegsterben des Bodenlebens, die erhöhten Unfallraten an exponierten Standorten und vieles weitere thematisierten. Wir waren an die 30 Menschen im Chat, die Schlafgemeinde hat gegen 8000 Menschen, die zumindest hier schlafen.
Etwa ein Jahr später, erhielt ich das Antwort-Schreiben der Gemeinde als einer der ersten. Sofort habe ich die anderen gebeten, ihr Schreiben erst gegen Ende der Frist abzuholen – die jeweilige Frist beginnt bei Zustellung zu laufen, das hätte uns bei entsprechender Wahl des Einsprechers 10 Tage schenken können – ein Drittel mehr Zeit als üblich.
Umgesetzt hat das leider niemand, also hatten wir 30 Tage Zeit.
Ich habe für uns, insbesondere für mich das Ziel gesetzt, 10'000.- zu sammeln – die Arbeit wollte ich leisten, die Finanzen nicht schon wieder selbst übernehmen.
Zudem habe ich einen neuen Flyer geschrieben, mit den aktualisierten Angaben, Möglichkeiten, dem Spenden- und Helferaufruf. Im Gegensatz zum ersten Mal habe ich den nicht tausendfach gedruckt und auf eigene Kosten verteilt, sondern unserer Gruppe verfügbar gemacht. Der eine wollte 10 Flyer (In Worten: zehn), eine andere hat 100 bestellt, und die Dritten haben 80 Flyer beim Hundespaziergang verteilt.
Die Flyer, die ich der Bevölkerung auf der Post kostenpflichtig verfügbar gemacht habe, kamen fast vollständig zurück.

Nach 2 Wochen hatten wir ein knappes Drittel der gewünschten Risikosumme, die mir das Prozessieren ohne finanzielles Risiko möglich gemacht hätten.
Da ich gut vernetzt bin und die neusten Entwicklungen der Schweiz bestens kenne, wäre das eine gute Grundlage gewesen, den nächsten Schritt in der Schweiz zu machen.
Nach zwei Wochen habe ich die Übung schweren Herzens abgebrochen – ich stehe nicht mehr an die Front, arbeite Tag und Nacht, nehme Spott und Hohn als Aluhut auf mich, und habe keine Rückendeckung und keine Finanzierung. Das habe ich über Jahrzehnte gemacht - das macht müde, traurig und einsam, aber es bringt niemandem etwas. Es trennt und verbindet nicht. An Freude ist schon gar nicht zu denken.
Acht Tage später, sechs Tage vor Schluss der Frist kam eine Musiklehrerin auf die Idee, den Menschen Beine zu machen, mit viel Klamauk wurden Sitzungen angekündigt, unklar wann und unklar wo, es wurden Spenden angekündigt, um einen Tag später diese wieder abzukündigen, es wurden Einsprecher genannt, die sich wieder zurückzogen.
Ihr Ziel war nicht mehr die Verhinderung, sondern nur noch die Verzögerung.
Zwei Tage später ist sie in die Ferien gefahren.
Mein schon längst pensionierter Freund, der auch Elektrobiologe ist, wie ich, nur mit viel mehr Erfahrung, hat dann aus Textbausteinen in Rekordzeit doch noch etwas zusammengebastelt, das von einem der direkt betroffenen eingereicht wurde. Dieser hat die Einsprache 10 Tage später, ohne jemanden zu informieren oder sich mit jemandem abzugleichen, diese Textbausteineingabe wieder zurückgezogen.
Damit war auch das Ziel der Verzögerung hinfällig.

Wenn ich vorher traurig war durch die fehlende Initiative und verletzt durch den chaotischen Klamauk, der so viel Verwirrung gestiftet hat, dann habe ich spätestens jetzt gekocht. Nicht wie ein Kochtopf, sondern wie ein Vulkan.
Eine gute Einsprache braucht Zeit und Genauigkeit, die neusten Entwicklungen und Entscheidungsgrundlagen der Gerichte müs-

sen einbezogen werden, sonst macht man die falsche Arbeit, bringt die falschen Argumente ins Spiel und erzielt einfach nur Verzögerung, die Kosten sind aber genauso hoch. Das ist Lebenszeitverschwendung für alle, die es betrifft – und birgt dadurch Respektlosigkeit zu den von der Strahlung Betroffenen und den Menschen mit guter Absicht, welche zur Finanzierung beitragen.
Das Einzige, was einer kleinen Gruppe, ohne finanzielle Mittel hilft, gegen die globalen Player überhaupt eine Chance zu haben, ist das Zusammenstehen. Lässt man das, dann bleibt es beim späteren modernden Zusammenliegen, ob Schlafgemeinde oder nicht.

Ich musste mir also andere Gedanken machen.
Dass früher oder später Schäden auftreten war klar, die Swisscom, Salt und Sunrise gehen ***selbst*** von mindestens 10% Betroffenen aus.
Ich habe also die Menschen in der Telegram-Gruppe gebeten, ein Gesundheitstagebuch zu schreiben und sich detailliert ärztlich untersuchen zu lassen - das ist eine Basis, die spätere Klagen den besten Boden und damit die besten Chancen gibt.

Karma is a bitch: Das Gemeindehaus, in welchem das ganze Team des Bauamts arbeitet und die Gemeinderäte sich zu ihren Sitzungen treffen, ist in Sichtweite, nur wenige Meter von der Antenne entfernt.

Nach einer Zeit der Stille und Trauer, nach dem Loslassen des Vorwurfs an mich selbst, ich hätte zu wenig Einsatz gezeigt oder zu wenig aufgeklärt, kam mir der Gedanke, mich nach dem umzusehen, was heilt.

Suche und Auswahl

«*Wer heilt hat Recht*», lautet ein alter Grundsatz, der auf Hippokrates zurückgeführt wird, oder in unserem Fall: «*Wer Heilung für sich erzielen konnte, weiss wie sie für andere funktionieren könnte*».
In den folgenden Monaten, nach Ausschreibungen unter den Betroffenen und internationaler Suche nach Lösungen habe ich 5 Menschen gefunden, die eine substantielle Verbesserung erzielen konnten. Das ist nicht nur erfreulich, sondern vielmehr erstaunlich, weil EHS sonst als unheilbar betrachtet wird – in denjenigen Ländern, in welchen es überhaupt schon als existent angesehen wird..

Die Massnahmen können für Menschen, die fest am Glaubenssystem dessen, was in System-Schulen vermittelt und am Fernsehen vertieft wird, esoterisch an. Doch die meisten von den Betroffenen haben einen der wichtigen Lernschritte schon erzielen können: Die Loslösung von der Sucht nach der Anerkennung der andern. Wer öfters mal «*Aluhut*» oder «*Verschwörungstheoretiker*» hört, die weibliche Form ist mitgemeint, der entspannt sich irgendwann und löst sich vom Gefühl, dass er von allen verstanden werden muss.

Meine Suche hatte nicht zum Kriterium, ob etwas im Mainstream gut ankommt, oder «in» ist. Meine Suche hatte allein zum Kriterium, was den Betroffenen geholfen hat – das ist Wissenschaft nach meinem Verständnis: Nichts ausschliessen, weil es nicht in Mode ist oder undenkbar scheint, sondern suchen, was hilft, und sich den Weg dafür erschliessen, warum es hilft.
Jeder der genannten Lösungswege ist individuell. Das gemeinsame an diesen Wegen ist die Erkenntnis, dass das Labyrinth, welches um uns geschaffen wurde, bewusst keinen Ausgang auf der 3D-Ebene hat, das wäre nicht im Sinne der Erfinder. Der Ausgang ist, die Ebene zu verlassen, oder auf englisch: «*the only way is up*».

Wenn ich Lösungen prüfe, egal, ob das für einen Wasserfilter ist, oder für eine Schule, dann interessiert mich nicht der günstigste Preis, sondern vielmehr:

- Wer ist der Erfinder, wer der Entwickler?
- Mit welchem geistigen und materiellen Hintergrund haben diese Menschen gearbeitet?
- Wer sind die Mitarbeiter, vielleicht die Aussendienstler? Wie arbeiten die, wie gehen die mit Störungen um, z.B. bei Terminen, bei Lieferschwierigkeiten, bei Defekten? Wie reden sie über Chef, Mitarbeiter, schwierige Kunden und andere Anbieter?
- Wer sind die Kunden, was erzählen die über die Produkte?
- Wie arbeitet das Produkt, wie ist seine Nachhaltigkeit, seine Verpackung?

Eigentlich geht es mir um einen Werteabgleich mit meinen Werten, so wie man nachhaltige Beziehungen auch anfängt. Und es geht mir darum, in Erfahrung zu bringen, wie diese Menschen unter Stress agieren.

Zu oft habe ich Hoffnungsbläser gefunden, ähnlich laut und genau so wenig nachhaltig wie Staub- oder Laubbläser, manche von diesen sind rhetorisch geschult, holen über das optimale **Papa-Moll-Profil** mit grossem Körper, tiefer Stimme und weichem Kaschmirpullover, manchmal auch über **armer-alter-Mann**, der alte Weise also, der keinem was zuleide tut und der sich die Armut gewählt hat. Beide Rollen können beste Tarnungen sein und kulturell sind wir uns gewohnt, diesen Vertrauen zu schenken. Das ist aber Vertrauen, welches nicht über die Zeit aufgebaut wurde, sondern von ihnen über ein Label angeboten wurde, und welches wir geschenkt haben.
«*Vertrauen schenken*» mag romantisch klingen, ist aber eine der gefährlichsten Massnahmen, die ich kenne. Die Enttäuschung ist, wie der Rücksendeschein bei Zalando, normalerweise schon kostenlos mit im Paket, weil der achtsame Werteabgleich, ob das

Vertrauen überhaupt wahrgenommen werden kann, schlicht übersprungen wurde.

Deshalb ist es für mich besonders wertvoll, dass die ersten Menschen, die zu diesem Thema etwas zu sagen haben, mir schon seit einigen Jahren gut bekannt sind und sie beide mein höchstes Ertrauen* geniessen:

*«Ver-» ist im deutschen eine Vorsilbe, die Verarbeitung oder Zerstörung anzeigt:
Beispiele: «vermahlen», «vergessen», «verändern», «ver-drängen».

«Er-« hingegen zeigt als Vorsilbe an, dass ein Prozess von innen heraus geschieht:
Beispiele: «erleuchten», «erkennen», «erfahren»

Teil 1: Menschen, die Heilung gefunden haben

Direktbetroffene erzählen von Heilung und Linderung.

Dani Battisti: Aus dem Kampf in den Frieden

Dani Battisti ist der Leiter der Chin Woo Kung Fu Schule in Uster.

Dani Battisti, Kung Fu Lehrer, Uster

Danis Hintergrund:
Dani leitet seit Jahren eine Kungfu-Schule, über Zen-Meditation hat er gelernt, seinen Kopf zu leeren, die Kundalini-Meditation hat seine Kundalini geweckt.

Stand vorher: Er konnte kein Handy mehr anfassen, sonst haben seine Hände und die Arme gekribbelt und es ist ihm schwindelig geworden.
Wenn ein Handy irgendwo in seiner Nähe war, dann hat es ihn am ganzen Körper gebissen.
An eine anfängliche Überdosis kann er sich nicht erinnern, diese Sensibilität hat er schon als Kind gehabt, je mehr Handys Verbreitung gefunden haben, desto mehr wurde sein Alltag beeinträchtigt.
Er hat schon ein ausgeschaltetes Handy gemerkt (er meint nicht den Flugmodus, sondern wirklich ein ausgeschaltetes Handy).

Er hat sich bis vor 10 Jahren nie ein Handy gekauft. Vor 10 Jahren musste er eins kaufen, um mit seiner Tochter mehr Kontakt zu haben.
Dieses iPhone hat er vornehmlich mit einem Bedienstift oder im Auto mittels Siri bedient. Er trägt es nie auf sich. Im Dojo liegt es beim Pult, im Auto möglichst weit entfernt, und nachts in einem Nebenraum des Schlafzimmers. Sein Holzhaus schirmt so gut ab, dass er nur am Fenster telefonieren kann.

Stand heute: Mit einem Chip von Shendao (siehe Bild) ist die Strahlung des Handys für ihn nochmals deutlich erträglicher.
Von gewissen Chips ist bekannt, dass sie über die Zeit in ihrer Wirkung nachlassen. Bei diesem Chip kann er über den Verlauf der letzten 10 Jahre kein Nachlassen feststellen.

Er sendet seine Mails per Funk am iPad, welches auch mit einem Chip von Shendao ausgestattet ist.

Er fühlt Strom- und Handymasten gleichermassen – wenn er unter einem Strommasten hindurchgeht, hat er das Gefühl, grilliert zu werden.
Strom-, Handymasten und Handys führen bei ihm zum Unwohlsein, aber er kümmert sich nicht mehr darum – genau so wenig, wie bei einer frisch gedüngten Wiese oder einem sumpfigen Weg: Es ist unangenehm, aber sein Körper nimmt keinen Schaden. Also geht er etwas schneller, geht nicht unter der Hochspannungsleitung durch. Dani geht nicht mehr in den Widerstand, kämpft nicht mehr dagegen. Er sagt: «*Es ist nicht Dein Handy schuld. Ich könnte Rebell sein und jeden Handymast fällen, also ich stelle mich auf die neue Situation ein*».

Dani befriedet sich, er nimmt den Fokus vom Handy weg und auf sich, seine Wahrnehmung, seine Kundalini, seinen Frieden.

Energie folgt der Aufmerksamkeit.

Die Essenz: Er ist nicht mehr im Krieg, nicht mit dem Handy, nicht mit der Technik und auch sonst nicht. Das ist das, was er mir im Interview sagt, und diese Aussage deckt sich mit dem, was ich von ihm in seinem Verhalten und in seinen Worten erkenne.

Urs Raschle: Achtsamkeit, Radikales vermeiden

Urs Raschle

Urs Raschle ist in der Szene gut bekannt: Er gibt Schulungen zum Thema Elektrobiologie, er arbeitet selbst als Elektrobiologe, entsprechend seiner Feinfühligkeit ist er für diese Arbeit für die Kunden bestens prädestiniert. Für ihn selbst ist diese Arbeit herausfordernd und bedingt oft viel Erholungszeit.

Er schreibt zu meiner Frage, wie er vorgeht, wie er sich schützt, und welche Verbesserungen er erzielen konnte:

Die Verbindung aller Punkte macht den Erfolg

- ***Reduktion/Verhinderung von Elektrosmog,*** *und zwar "richtig". Im Schlafzimmer komplett und in der Wohnung und am Arbeitsplatz auch oder zumindest fast komplett. Es ist so ähnlich wie mit Drogen oder einer Allergie. Es braucht einen "kompletten Entzug", ansonsten erachtet der Körper diese Felder und Signale als wichtig.*
- *Harmonisierung der Umwelt bzw. des Umfeldes. Oder anders ausgedrückt, der Energiefluss im Haus, das Torsionsfeld muss aufrecht erhalten und verbessert werden. Hierzu gibt es viele Produkte auf dem Markt die helfen können. Es ist aber entscheidend nicht nur ein Produkt zu wählen, anhand von Empfehlung oder der Beschreibung. Es muss auf die Gegebenheiten vor Ort angepasst sein/werden.*
- *Viel Strukturiertes gesundes, natürliches Wasser trinken.*

- *Sauerstoff Aufnahme verbessern bzw. erhöhen mit entsprechender Bewegung. Gezielte Bewegung die das "Chi" oder "Prana" im Körper aktivieren (Yoga, TaiChi, ChiGong, fünf Tibeter, ..)*
- *Aufrüsten mit natürlichen Vitaminen und Mineralien, die der Körper aufnehmen kann, ev. Ernährungsumstellung mit einbeziehen.*
- *Erst nach einer gewissen Zeit eine Entgiftung einleiten. Bei einer Entgiftung muss darauf geachtet werden, dass die gelösten Stoffe auch abtransportiert und entsorgt werden können.*
- *Das Bindegewebe ist meist "verstopft" und lässt Signale und Impulse nicht mehr durch. Es kann mit Hilfe von entsprechenden Massagen und z.B. Miso unterstützt werden.*
- *Tägliche Achtsamkeits-Übungen. Ich meine nicht einfach positives Denken... sondern zu lernen, was der Körper für Signale gibt bei welchen Umständen, Themen etc. Hierzu kann auch ein Kurs in Pendeln oder Radiästhesie helfen. Es ist aber wichtig, sich nicht auf das "Schlechte", das "Krankmachende" zu konzentrieren und dies zu suchen, sondern es muss die Suche und das Finden von* ***Fülle, Liebe, Geborgenheit, Sicherheit****, ... angestrebt werden.*
- *Unterstützung auf verschiedenen Ebenen wie der Informations-, Energie- und Frequenz-Medizin. Also nichtinvasive, natürliche Unterstützung bei einem Praktiker. Dazu können auch Naturheilmittel zur Einnahme oder zur äusseren Anwendung kommen. Aber auch hier gilt: Nicht, was auf der Verpackung steht, ist wichtig, sondern dass der Körper dies benötigt. Das heisst es muss eine entsprechende Testung gemacht werden.*

Daniel: Joe Dispenza Chakra-Meditation

Dr. Joe Dispenza

Das Dritte Beispiel beschreibt die Heilung von Dan, der mittels einer Meditation von Joe Dispenza gesund wurde.

Joe Dispenza ist einer von 3 zeitgenöss-ischen Forschern, die meditative Praxis vermitteln, nachweisbaren Erfolg haben, und medizinisch oder wissenschaftlich mit höchster Genauigkeit vorgehen.

Der erste, der so genau gemessen und wissenschaftlich überprüft hat, war **Maharishi Magesh Yogi**, der in Seelisberg gelebt hat. Zu seinen Meditationen wurden grosse Untersuchungen über das Verhalten in ganzen Städten gemacht, in welchen nachgewiesen wurde, welchen Unterschied auf Unfälle und Verbrechen eine Gruppe von mehreren tausend meditierenden Menschen hat. Und zwar wiederholbar und reproduzierbar.

Der zweite ist **Christian Meier**, der akribisch, aus alten Quellen und aus seiner Arbeit erforscht hat, wie der Aufwachprozess, der grosse Bruder vom genauso gut erforschten Flow abläuft. Er hat dies in seinen Büchern beschrieben und weist seinen Erfolg dadurch nach, dass in jedem Seminar Menschen aufwachen und in diesem aufgewachten Zustand bleiben.

Joe Dispenza ist der Dritte: Er wurde mit 23 Jahren, bei einem Triathlon von einem schweren Geländewagen angefahren und hatte danach schwere Rückenverletzungen. Die Ärzte wollten operieren, konnten ihm aber nicht garantieren, dass er jemals wieder laufen können würde. Also hat er sich entschieden, den Stier bei den Hörner zu packen und das in Erfahrung zu bringen, was er längst schon wusste: «*Mind over Matter*», auf gut Deutsch, dass die Feinstofflichkeit die Grobstofflichkeit schafft, dass der Geist die Materie erschafft, dass Materie aus verlangsamtem Licht besteht.

In nur 10 Wochen hat Joe Dispenza seine Heilung über Visualisierung und Meditation geschafft. Seinen Ansatz und den daraus entstandenen Weg hat er über die Jahre verfeinert und zahlreiche Bücher geschrieben. Seine Seminare werden in den grössten Hallen abgehalten – das letzte war in Basel, in der St. Jakobshalle, mit 8000 Teilnehmern aus dutzenden von Ländern.

Er bleibt seinen Nachweis auch in den Seminaren nicht schuldig:

Viele Kranke und Versehrte besuchen seine Seminare und zahlreiche benötigen ihre Hilfsmittel wie zum Beispiel Rollstühle danach nicht mehr.

Die Prämisse für die Auswahl der Heilungen in diesem Buch war, diejenigen zu finden, die Heilung erlangt haben, gemäss dem Leitsatz: Wer heilt, hat recht.

Der nachfolgenden Heilbericht ist eine gekürzte Fassung der Geschichte aus dem Buch «Werde übernatürlich», Seite 211ff.

Daniel war vor 5 Jahren ein durchgeknallter Workaholic, Mitte 20, 60-Stunden Wochen waren für ihn völlig normal. Als er eines Tages einen Kunden wutentbrannt anschrie, spürte rechts er im Kopf etwas platzen und verlor das Bewusstsein. Beim Aufwachen war ihm nicht klar, wie lange er weg war. Ab diesem Moment hatte er die schlimmsten Kopfschmerzen seines Lebens.

Diese Schmerzen stiegen exponentiell an, sobald er sich in der Nähe von Dingen befand, die elektromagnetische Frequenzen abstrahlten. Diese Körperreaktion war ihm völlig neu.

Die Ärzte, die Daniel konsultierte, waren ratlos. Blutscans, Hirnscans: Alles negativ. Manche Ärzte schickten ihn zum Psychiater oder verschrieben Antidepressiva – das wollte er nicht. Er wusste, was er fühlte.

Schließlich ging Daniel zu ganzheitlich arbeitenden Ärzten, die bei ihm eine sogenannte elektromagnetische Hypersensibilität (EHS) vermuteten.

Wie viele andere Menschen mit EHS litt Daniel nicht nur unter Kopfweh, sondern zugleich unter anderen chronischen Schmerzen und Erschöpfungszuständen. Selbst nach 12 Stunden Schlaf wachte er erschöpft auf. Einer der ganzheitlichen Ärzte schlug die tägliche
Einnahme von vierzig Nahrungsergänzungsmittel vor, um gegen die negativen Wirkungen anzugehen, aber auch das half nichts. Es dauerte nicht lange, und Daniel musste seine Firma schließen, verschuldete sich, lief in den Konkurs und zog schliesslich bei seiner Mutter ein.

Er zog sich zurück, kugelte sich auf seinem Bett zusammen und erlitt schliesslich einen emotionalen Zusammenbruch und begann sich Gedanken darüber zu machen, sein Leben zu beenden.

Seine Freunde rieten ihm, sich professionelle Hilfe zu suchen. Sein Zustand erlaubte ihm, dieser Suche jeden Tag eine halbe Stunde zu widmen. Nach 3 Jahren stiess er auf das Buch «Werde übernatürlich» von Joe Dispenza.

Er begann mit der Meditation zum Ändern von Überzeugungen und Wahrnehmungen, von der in diesem Buch die Rede ist. Allmählich ließen die Schmerzen nach und er machte mit dem Meditieren weiter.

Dann stieß er auf meine Meditation »Segnung der Energiezentren« und begann sie zu praktizieren.

»Gleich beim ersten Mal passierte etwas, was ich mir nicht erklären konnte«, erzählte mir David. Als er beim sechsten Energiezentrum ankam, ging so etwas wie eine Lichtshow in seinem Kopf ab. Er sah, wie verschiedene Gehirnareale, die bislang abgeschaltet waren, plötzlich aufleuchteten und miteinander kommunizierten.

Dann schoss ein riesiger Strahl aus »liebevollem Licht«, aus dem Scheitelpunkt am Kopf. Seine innere Erfahrung war in diesem Moment realer als die Erinnerung an die Vergangenheit, die ja überhaupt erst die Schmerzen verursacht hatte.

Von diesem Moment an bemerkte Daniel eine starke Veränderung. Nach dem Meditieren hatte er 10 Minuten lang überhaupt keine Schmerzen. Diese schmerzfreien Zeiten wurden länger, und ein paar Monate später war er völlig schmerzfrei. Er kam auf die Idee, anhand der Meditationen seine innere Verfassung zu verändern und sich dabei dem elektromagnetischen Feld auszusetzen, das ihn krank gemacht hatte. Also meditierte er vor seinem Handy und seinem Notebook. Anfangs hatte er dabei Schmerzen, aber so wie zuvor war er irgendwann nach dem Meditieren schmerzfrei, und diese schmerzfreien Zeiten wurden mit der Zeit immer länger.

Schließlich konnte Daniel einen weiteren großen Schritt tun:

Er mietete sich einen Schreibtisch in einer Bürogemeinschaft und beschloss, einfach dort zu sitzen und zu meditieren, umgeben von WiFi, Computern, Mikrowellen und allen möglichen elektromagnetischen Frequenzen. Die ersten paar Wochen waren schwierig, doch mit der Zeit wurde es einfacher. Nach einiger Zeit meditierte er in dieser Umgebung fünf Stunden am Tag ohne Schmerzen.

Schließlich verschwanden die Kopfschmerzen einfach - genauso wie die anderen chronischen Schmerzen und Erschöpfungszustände.
Heute betrachtet sich Daniel als hundertprozentig geheilt. Er hat wieder zu arbeiten begonnen und bezahlt seine Schulden ab.

Doch das Tollste ist: Daniel arbeitet nur ein bis eineinhalb Stunden täglich und verdient viel mehr Geld als damals, als er total gestresst war und sich ein Leben nach seinen Wünschen zu erzwingen versuchte. Und er genießt das Leben wirklich.

Ende des gekürzten Auszugs aus dem Buch «Werde übernatürlich» von Joe Dispenza.

Peggy Stoll, mit Huna das Körperwesen aus dem Widerstand begleiten

Ich bin durch einen Elektrohochsensiblen auf Peggy Stoll in Deutschland aufmerksam gemacht worden. Wir haben viele Mails ausgetauscht. Ich kenne sie nur durch diese Mails. Was sie schreibt ist berührend und erscheint mir authentisch.

Definition: Huna ist schamanische Praxis der Kahunas, der Priester in Hawaii. Huna wurde über Jahrtausende mündlich weitergegeben. Serge King wurde in die Familie seines Meister Wana Kahili aufgenommen – dieser hat ihm Huna beigebracht und ihn zum Kahuna ausgebildet – der unter dem Namen «Serge Kahili King» bekannt wurde. Serge Kahili King hat Huna dem Westen zugänglich gemacht.

Eine zentrale Aussage von Huna ist:

„Die Welt ist das, wofür Du sie hältst."

Peggy Stoll erzählt von ihrem Weg:

Ich zähle mich zu den schwer betroffen gewesenen. Ich hatte eine Arbeit in der Stadt Freiburg angenommen, wo auf meinen Arbeitsplatz ständig etwa 20 Sender von einem Haus 100 m entfernt strahlten. Das hat mich innerhalb von kurzer Zeit sehr krank gemacht. Zuerst reagierte mein Kopf mit Schwindel und Kopfschmerzen. Obwohl ich nur an 3 Tagen in der Woche dort arbeitete, reichte die Erholungszeit in meinem nahezu strahlungslosen zuhause nicht aus, um mich zu regenerieren. Ich habe etwa ein dreiviertel Jahr dort gearbeitet. Zuletzt hatte ich kaum Energie zum

Arbeiten und ich entwickelte Denkaussetzer, vor allem in der Nähe vom WLAN-Router und wenn ich an einem WLAN-funkenden Laptop arbeiten sollte. Unter den LED-Lampen im Verkaufsraum wurde es mir übel, wenn ich mich dort länger als 10 min aufhalten musste, weil ich dort etwas zuschneiden sollte. Mir passierten immer mehr Fehler beim Bedienen und Kassieren, so dass es anstrengend wurde, die Fehler auf die Ferne für die Kunden immer wieder ausbügeln zu müssen. Wenn ich die letzte Zeit von der Arbeit gekommen war, bin ich wie erschlagen aufs Sofa gefallen und habe 1,5 Stunden gebraucht, um mich wieder so aufzurappeln, dass ich mich noch mal um das Abendessen für die Familie kümmern konnte.
Letzten Endes war ich nicht mehr tragbar für dieses Geschäft und mir wurde gekündigt.

Ich bin nicht zum Arzt gegangen, weil ich wusste, dass man mir dort nicht helfen würde. Zum Glück war ich nebenberuflich selbstständig mit einer eigenen Schneiderei und konnte dort immer noch weiterarbeiten.
Zu dieser Zeit beschränkte sich mein beschwerdefreier Bewegungsradius auf mein Zuhause und meine Schneiderei, in der kein Funk verwendet wurde und auch im Dorf stand noch kein eigener Funkmast. Wenn ich zum Einkaufen in die Stadt wollte, bin ich in voller Abschirm-Montur los (Abschirmkopftuch und Poncho) und wusste, dass ich in 2 Stunden fertig sein musste, damit ich dann so schnell wie möglich den Heimweg antreten konnte. Es gab verschiedene Geschäfte, an denen ich beim Vorbeigehen Herzstolpern bekam. Dort habe ich mich dann nicht lange aufgehalten und bin weitergegangen. An jeder Ecke habe ich andere Frequenzen gespürt und bin in der Stadt nur gefühlte Spießruten gelaufen. Wenn ich dann an einen gewissen Punkt gekommen war, wusste ich, dass ich jetzt auf dem Absatz kehrt machen und unmittelbar den Heimweg antreten musste, damit man mich nicht irgendwo auf der Straße oder in einem Geschäft aufsammeln muss. Ich wusste von einer Freundin, der das schon passiert war, zum Glück unbemerkt in einer Toilette, so dass sie sich selber wieder aufrappeln konnte, bevor es einer bemerkt

hätte. Ich habe immer die Frequenzen sofort gespürt. Mein Körper hat immer sofort auf Sender in der Nähe reagiert, da wusste ich noch gar nicht, dass es dort welche gibt. Die Erholung hat dann eine Weile dauern können. Ich kann mich daran erinnern, dass ich mit dem Zug aus Freiburg herausgefahren bin und an der Stadtgrenze atmete ich plötzlich merklich auf und die permanente Anspannung vom Aufenthalt in der Stadt löste sich von ganz allein. Dort gab es dann deutlich weniger Sender.

Der letzte große Eklat ist mir passiert, als ich mich mit meiner Abschirmkleidung auf einer Gesundheitsmesse in einem großen Kurhaus präsentieren wollte. Dort war so ein starkes WLAN, dass ich nach 2 Stunden Aufenthalt - die Messe hatte gerade mal 1 Stunde für die Besucher geöffnet, vorher hatte ich meinen Stand aufgebaut - schlagartig die Örtlichkeit verlassen musste, wenn ich nicht ohnmächtig werden wollte. Zum Glück war es nur 3 km bis nach Hause. Dort habe ich mich sofort hingelegt und geschlagene 3 Stunden geschlafen. Danach bin ich doch wieder an den Stand gegangen, um wenigstens eine Nachricht zu hinterlassen, dass ich nicht anwesend sein kann. Ich hätte nicht weiter dran teilnehmen können, wenn mich dort nicht jemand gefunden hätte, der Energiepyramiden angeboten hat, die mir ab dann "das Leben gerettet" haben. Mit einer starken Energiepyramide an meinem Stand konnte ich dann weiterarbeiten und mir nach und nach meinen Heilweg suchen.

Leider waren die Pyramiden bisher für andere Elektrosensible zu stark und sie konnten ihr Strahlentrauma nicht überwinden (Strahlentrauma: jegliche Strahlung ab einer bestimmten Intensität wird vom Körper unbewusst als Bedrohung wahrgenommen und er reagiert darauf mit Widerstand, egal ob es Heilenergien sind oder technisch erzeugte) In meinen Kursen, die ich bisher nur online anbiete, gehe ich auch auf die Energieprodukte ein und erkläre ausführlich, wie man diese Energieprodukte effektiv verstehen und benutzen kann. So werden diese Energieprodukte auch für andere EHS-ler zugänglich. Ich arbeite selbst auch an Energiepyramiden, die nicht ganz so stark strahlen, damit sie von sehr sensiblen auch vertragen werden können.

Ich habe eine ganze Weile noch immer ein Amulett mit Heilfrequenzen getragen, welches ich mir selbst informiert hatte. Er hat meinem Körperbewusstsein alternative Verhaltensweisen angeboten und mit dem Verstand habe ich ständig darauf hingewiesen, dass er die unverständlichen Funkfrequenzen ignorieren und stattdessen die Heilbilder nachahmen soll. Anfangs musste ich immer noch mal zurück gehen und den Anhänger holen, wenn ich unterwegs war, weil es mir ohne Anhänger gar nicht gut ging. Es hat lange gedauert, bis ich mir zugetraut habe, auch ohne Anhänger unterwegs zu sein und meinem Körperbewusstsein zuzutrauen, dass es sich von selber an die Heilbilder erinnert und nachahmen kann. Es geht. Jetzt denke ich da kaum noch dran. An vertrauten Orten regelt das mein Körper von ganz allein, da muss ich nicht mehr dran denken. Es passiert ab und an in fremden Gegenden, mit ungewohnten Frequenzen, dass ich mein Körperbewusstsein dran erinnern muss, dann reguliert es sich aber sehr schnell wieder. In meinem Kurs lehre ich die Teilnehmer, Heilbilder zu empfangen und auf Gegenstände zu informieren, so dass sie sich ihre eigenen Amulette machen können.

Die Tiere und Pflanzen müssen sich auch erst an die neuen Frequenzen anpassen und einen neuen Weg finden, damit umzugehen. Um die Tiere mache ich mir aber weniger Sorgen, weil ihr Verstand und persönlicher Wille nicht so stark ist und sie nicht so in den Widerstand gehen und die Gegebenheiten der Umgebung besser akzeptieren. Wenn sie nicht im Widerstand sind, dann sind sie mit ihrem höheren Bewusstsein verbunden, das ihnen den Weg zeigt. Im Übrigen spielt das kollektive Bewusstsein eine große Rolle.

Wenn jemand herausgefunden hat, wie man sich an die technischen Funkfrequenzen anpasst, ist das im kollektiven Feld. Es kann darauf zurückgegriffen werden, wenn man nicht im Widerstand ist (ansonsten ist der Energiefluss dorthin blockiert). Mit der Zeit lernen die Lebewesen durch diese Verbindung unbewusst, damit umzugehen. Der Lernprozess kann beschleunigt werden, wenn man in einem Kurs den Verstand mit dazu nimmt.

Zur Heilung muss das Körperbewusstsein dem Verstand lehren, zu vertrauen, und der Verstand muss lernen, vertrauensvolle Anweisungen an das Körperbewusstsein zu geben.

HUNA hat ein System, in dem das SELBST immer mit 3 verschiedenen Persönlichkeiten zu tun hat. Diese Persönlichkeiten haben hawaiianische Namen. LONO ist der Verstand, der ist ganz unemotional und denkt analytisch. Er hat eine schier grenzenlose Fantasie und kann sich alle möglichen Dinge und Prozesse und Projekte ausdenken. Er kann sich z.B. alternative Handlungen und Verhaltensweisen ausdenken, wenn die alten nicht mehr effektiv genug sind. LONO hat ein erwachsenes Bewusstsein und sollte die Führung für das ganze Selbst übernehmen, Entscheidungen treffen und wissen, was es will. KU ist das Körperbewusstsein. Es kennt sich aus mit den unbewussten Körperfunktionen und mit den bewussten Bewegungen und Handlungen. Wenn LONO einen Brief schreiben will, weiß nur KU, wie man einen Stift hält und die Worte zu Papier bringt. Die beiden sind also aufeinander angewiesen. KU kann auch nur Dinge ausführen, die schon da sind. Es kann andere Wesen nachahmen, Handlungen ausführen, die es mal gelernt hat und tut am liebsten, was es immer schon so gemacht hat.
Es liebt die Wiederholung. Ku kann z.B. wunderbar selbst Autofahren.
Wenn der Verstand nicht sagt, wo es langgeht, wird man beim Supermarkt landen, aus Gewohnheit. KU kann sich nichts Neues ausdenken. Dazu braucht es LONO. LONO kann sich neue Handlungsabläufe und Verhaltensweisen ausdenken und dem KU beibringen. KU weiß, wie Selbstheilung funktioniert und speichert jegliche Erfahrung. Die meisten davon sind dem Verstand nicht ohne weiteres zugänglich. KU hat ein eher kindliches Gemüt und wird oft von seinen Emotionen übermannt. Dann braucht es Führung vom Verstand, um aufgefangen zu werden. KU reagiert sofort auf die Gedanken des Verstandes. Wenn LONO denkt "Zitrone essen», dann reagiert KU sofort mit Speichelfluss. Wenn LONO denkt "Oh, was für ein schrecklicher Regentag", reagiert KU mit Frust und schlechter Laune, vielleicht auch mit einer unangenehmen Körperreaktion. Wenn LONO denkt «Oh, wie schön, es

regnet", reagiert KU mit Freude und der Körper entspannt sich. Wenn LONO direkten Kontakt mit KU aufnehmen will, muss es mit ihm reden, wie mit einem Kind. Es versteht nur konkrete Dinge,

Bilder, Gefühle, Geräusche und haptische Angebote. Abstrakte Zusammenhänge gehen an ihm vorbei. In zahlreichen HUNA-Übungen, die einen wesentlichen Teil in meinem Kurs einnehmen, kann man lernen, Kontakt mit KU aufzunehmen, seine Bedürfnisse zu erfahren, sein Vertrauen zu gewinnen und es zu führen.

Es gibt viele verschiedene Meinungen über den Mobilfunk. Welche machen Freude und andere machen Angst. Die Ansichten sind alle ausgedacht und alle haben recht, wenn sie alle irgendwie funktionieren. Wir können für uns frei entscheiden, mit welchen Sichtweisen wir uns weiter beschäftigen wollen. Wenn wir weiter unsere Angst pflegen, blockieren wir auf Dauer den Energiefluss zur dritten Persönlichkeit, KANE, unserem höheren Selbst. KANE ist eine persönliche Energie, unserem Verstand meistens unbewusst. KANE weiß alles und kann alles. Von dort beziehen wir unsere Ideen und Inspirationen für Neues. Wenn wir wissen, was wir wollen und starke positive Emotionen mit unserer Absicht verbinden, dann bekommen wir Zugang und Botschaften von KANE. Wir werden auf den Weg geführt, um unser Ziel zu erreichen. Angst können wir dafür nicht gebrauchen, also ist es wichtig, die Wahrheiten, die Angst schüren, nicht so wichtig zu nehmen und lieber Vertrauen als Ratgeber zu entwickeln.

Mein Ansatz funktioniert nur jenseits politischer und angeblich moralischer Konventionen. Hier geht es allein um die Verantwortung des Einzelnen für sich selbst, weil jeder nur für sich entscheiden kann, ob und wie viel er heilen will und was er bereit ist, dafür zu tun. Das heißt nicht, dass es unmoralisch wäre. Es hilft nur niemanden, das Thema zu moralisieren.

Peggy gibt Kurse, und weil sie schon vielen Teilnehmern substantiell helfen konnte, werde ich ihre Kurse in der Schweiz anbieten.

Wenn Du daran Interesse hast, lass mich wissen.

Peggy Stoll, HUNA-Practitioner ©

Bundesstr. 31
D-79238 Ehrenkirchen–Norsingen
Telefon: Di, Mi und Do: 18 - 19 Uhr
Tel: +49-7633-8081448 (AB)
huna-werkstatt@posteo.de

Michael Semlitsch: Heilen mit Klängen und Tönen

Ich unterrichte seit über 20 Jahren Qigong und Taiji unter Einbezug von den eigenen Stimmklängen, welche uns über die feine Schwingung und Vibration in Kontakt mit unserem Körper bringen und auch den Körper auf positive Weise beeinflussen.

Diese Klänge helfen mir auch, als Betroffener von Nieder- und Hochfrequenten Elektro-Einflüssen, meinen Körper zu stabilisieren und mit meiner Seele in Kontakt zu bleiben.

Nachfolgend meine beiden hilfreichsten Praktiken.

Chakren aufbauen mit Tönen und Visualisation

- Sich bequem hinsetzen oder stehen, gut erden, den ruhigen Atem spüren, wie er seinen ureigenen Rhythmus findet.
- Versuchen, einen möglichst entspannten Ton zu singen, ohne Anstrengung, die Vibration der Stimmbänder gleichmässig links/rechts und auf der ganzen Länge der Stimmbänder spüren, dabei spüren, wie die Wellen im Raum und die Schwingung der Stimmbänder sich gegenseitig aktvieren und einen sanften klangvollen Ton erzeugen.
- Anschliessend die Vibration des Klanges sich im Hals- und Brustraum ausbreiten lassen und möglichst in jeder Zelle spüren.
- Danach die einzelnen Energie-Zentren besingen und aufbauen. Wir haben 7 Hauptenergie-Zentren, welche für mich die Basis unseres physischen Körpers darstellen, wenn diese voll aktiv sind, dann bekommt unser Körper

gute Unterstützung. Man kann sich die Energie-Zentren wie Schwimmringe um sich herum vorstellen, welche aufeinander liegen und jedes in seiner Funktion unser Dasein unterstützt und sie sich untereinander ergänzen und kommunizieren. Zum Aufbauen dieser Energie-Zentren besingen wir eines nach dem anderen mit dem entsprechenden Vokal und stellen uns dabei fürs Energie-Zentrum die entsprechende Farbe vor und spüren, wie die Energie im Schwimmring dicht wird.

  - **Wurzel-Chakra** (Vokal uuu - rot): unterster Bauchbereich bis Damm bzw. Beine, nach unten gerichtet
  - **Sakral-Chakra** (Vokal ooo (geschlossen mit Spitzen Lippen) - orange): unterhalb Bauchnabel
  - **Solar-Plexus** (Vokal ooo (offen) - gelb): zwischen Bauchnabel und untersten Rippen
  - **Herz-Chakra** (Vokal aaa - rosa oder grün): Mitte Brustbein
  - **Hals-Chakra** (Vokal eee - hellblau): Hals-Höhe
  - **Drittes Auge** (Vokal iii (Zungenansatz im Gaumen hinten in Mittelposition - dunkelblau): Höhe Augen
  - **Kronen-Chakra** (Vokal iii (Zungenansatz im Gaumen hinten oben, damit die Schädeldecke vibriert - weiss, opal oder violett): oben am Scheitelpunkt, nach oben gerichtet

- Danach können wir alle gleichzeitig besingen:
  - Wechseln zwischen u-o-a-e-i
  - Sich alle Chakren gleichzeitig und in Zusammen-arbeit vorstellen und wie uns die Energie von

oben (Himmel) und unten (Erde) und nährt und durch uns fliesst

- Das Herz-Chakra ins Zentrum setzen, dieses ist die Heimat unserer «Ewigen Seele», welche alle Informationen für unser Leben in sich trägt. Wenn wir die Funktionalität unserer übrigen Chakren dem Herz-Chakra «unterordnen», so entsteht eine grössere Ausgeglichenheit und Harmonie in uns
- Fühlen, dass die Informationen unserer Ur-Seele nicht nur im Herz-Chakra enthalten ist, sondern mitten in jeder einzelnen Zelle in uns, die Einflüsse und Programme von aussen sitzen höchstens auf den Zellen aussen drauf und haben deshalb weniger Bestimmungsmöglichkeiten über die Funktionalitäten der einzelnen Zellen, daraus ergibt sich eine innere Kraft und Zuversicht.

Themenspezifische Klangheilung

Wir versetzen uns in eine Haltung von Liebe, Wertschätzung und Dankbarkeit. Um dies zu erreichen, kann ein Erlebnis aus der Vergangenheit helfen, wo wir uns so gefühlt hatten. Wir vergegenwärtigen uns das damalige Erlebnis und gelangen so in diese heilende Haltung.

Danach stellen wir uns auf das anstehende Thema ein. Das Thema kann eine körperliche Schwierigkeit, ein seelischer Schmerz, ein Konflikt und vieles mehr sein.

Wir lassen in uns die Stimmung des Themas entstehen und horchen, welche Klänge dazu in unserem Inneren entstehen und schenken diesen zuerst stillen Klängen Leben mit unseren Stimmbändern und beobachten, wohin sie uns führen, sich wandeln, welche Bilder und weitere Gefühle entstehen, welche Auswirkung sie auf unseren Körper, unsere Gefühle und Seele haben.

So lange damit Fortsetzen, bis wir innerlich spüren, dass es für den Moment abgerundet ist.

Diese Übung kann auch im Alltag eingebaut werden, bei Wartezeiten, in der Schlange an der Kassa, beim Einschlafen oder vor dem Aufstehen und vielen anderen Gelegenheiten, um ganz bei uns anzukommen.

Wir können uns auch gegenseitig besingen oder miteinander, was den Spielraum der Möglichkeiten noch mehr erweitert.

Quelle: Michael Semlitsch, www.im-erdenklang.ch

Ich, David, erlaube mir dazu folgende Ergänzung:

Wenn wir den Faden verlieren, während wir eine Rede halten oder etwas erzählen, dann lassen wir ein *«Mhhh»*, oder *«Ähhh»* klingen. *«Mhh»* klingt im Hals und in der Brust, *«Ähhh»* klingt in der Brust. Beide Klänge verbinden wieder unseren Geist oder unsere Seele mit dem Körper, das ist das, was ich fühle, wenn ich solche Klänge mache.

In allen Rhetorikschulen, die ich kenne, wird uns genau dies verboten. Ich habe mich sehr bewusst entschieden, mir das wieder zuzulassen, und diese Klänge absichtsvoll und bewusst klingen zu lassen. Sie helfen mir den Faden wieder zu finden, indem sie Körper.

Ein weiteres Indiz dass beim Klingenlassen unserer Körper getrenntes wieder verbunden wird ist die Tatsache, dass Singen uns glücklich macht. Auch der wissenschaftlich gut erforschte Flow macht uns glücklich: Flow ist der Zustand, in welchem wir die Zeit vergessen, in welchem wir ungestört Arbeit verrichten, die wir zutiefst sinnvoll empfinden, und die uns herausfordert, aber nicht überfordert. Flow ist ein Zustand, in welchem wir wieder in die primäre Zeit, in die Präsenz fallen, ins ewige Zeit. Die primäre Zeit grenzt sich ab zur **sekund**ären, menschgemachten, trennenden und patentierten, die auf der Sekunde aufbaut.

Teil 2: Heilung von der Erde

Gingko als Schutzbaum

Dieses Kapitel würde eigentlich ins Buch «5G von allen Seiten» gehören, da dort schon einige Pflanzen vorgestellt wurden.

Die Erkenntnis zu den Fähigkeiten des Gingko-Baumes sind aber erst nach Abschluss des genannten Buches aufgetaucht – also füge ich dieses Kapitel hier ein.

Die Quelle für dieses Kapitel sind die Flensburger-Hefte. Diese basieren auf dem anthroposophischen Wissen von Rudolf Steiner.

Die Informationen in Bezug auf den Gingko stammen vom Gingko-Wesen selbst, welches durch den Autor gechannelt wurde.

Wer von EHS stark betroffen ist, für den könnte die Unterstützung des Gingko-Baumes zu schwach sein.

Der Gingko-Baum hat Blätter, die eher zusammengewachsene Nadeln sind – es gibt keine Querverbindungen in diesen, doch dadurch, dass sie auch Blattcharakter haben, können diese Bäume auch in den Tropen wachsen. Sie werfen ihre Blätter im Herbst nicht ab. Der Gingko-Baum braucht sehr wenig Wasser und gedeiht auch im Halbschatten.

Wenn Dir dieser Ansatz fremd ist, dann lade ich Dich ein, diesen offen zur Kenntnis zu nehmen, und vom Anspruch zurückzutreten, diesen einzuordnen.

Aus dem Bericht über Gingko entnehmen wir:

Gingko ist ein uralter Schutzbaum – der schon existierte, als die Menschen noch nicht in ihrer heutigen dichten Form existierten.

Gingko hat eine interessante Eigenschaft: Er kann dazu verwendet werden, einen alten Zustand wieder herzustellen. Er wird bei Demenz-Erkrankungen eingesetzt werden – die Medizin spricht davon, dass er die Gehirnfunktion wiederherstellt – aber das ist zu kurz gegriffen: Er stellt den alten Zustand wieder her.

Er ist einer der ältesten überhaupt und kann vor radioaktiven Strahlen schützen. Auch vor allen Elektromagnetischen Strahlen kann er uns gut schützen.

Gemäss seinem Wesen kann er, rund um ein Haus gepflanzt, dieses vollständig von den Einflüssen von Mobilfunk schützen und ist selbst nicht anfällig für diese Strahlung.

Allerdings kann man in so einem Haus auch nicht mehr mit dem Handy telefonieren.

Wer Extrakte von seinen Früchten und Blättern oder seinem Baumsaft trinkt, kann sich diese Kräfte teilweise übertragen.

Ich habe diese Erfahrung nicht selbst gemacht, ich kann dazu also nicht Stellung nehmen: Wenn der Gingko-Baum bei Dir Resonanz erzeugt, so ist er sicher einen Versuch wert.

Quelle: Flensburger Heft Nr. 23, Seite 13

Bestellung: www.flensburgerhefte-shop.de

Baryt oder Schwerspat als Schutzstein

Meine Freundin übernachtet arbeitsbedingt oft bei pflegebedürftigen Kunden.

Der Kunde hat viel Technik installiert, WLAN, Bluetooth, DECT-Telefone und ist im Mehrfamilienhaus auch sonst von allen Seiten gut bestrahlt.

Dass sie in diesem Strahlenwirrwarr nicht gut schlafen konnte war klar – sie sah jedes Mal gerädert aus, wenn sie nach Hause gekommen ist, hat Kopfschmerzen und Nackenverspannungen gehabt. Diese sind oft erst viele Stunden später verschwunden.

Also habe ich ihr einen Schlafsack aus Spezialstoff mit Silberfäden besorgt (> Jolanda Leuzinger, A-Z Gesund, CH-Rapperswil). Das hat ihr eine Linderung verschafft.

Etwas später hörte ich von Baryt und wollte das ausprobieren: Ich habe einige grosse Brocken gekauft und ihr einen davon mitgegeben. Seither braucht sie den Schlafsack nicht mehr und schläft gut und erholt bei diesem Kunden.

Baryt ist ein Edelstein und sammelt elektromagnetische Strahlungen, das teuerste an diesem Stein ist der Versand.

Meinen Baryt habe ich von www.kraft-steine-kristalle.ch erworben, 1kg hat gereicht um die Schlafstelle zu entstören und 3kg haben mich unter 100.- inkl. Versand gekostet. Der Shop ist ein reiner Versandshop.

Einige Brocken Baryt / Schwerspat

Chinesische Medizin

Dr. med. Roger Ziegler

Durch Zu-Fall bin ich im ersten Quartal 2024 auf einen Vortrag von Dr. med. Roger Ziegler an einer Veranstaltung über Hochsensibilität gestossen. Mehr aus Neugierde bin ich ihm am Anfang in der Argumentation gefolgt, doch mehr und mehr hat mich sein Vortrag gefesselt.

Ich habe über 30 Jahre meines Lebens 3 Monate bei spirituellen Meistern verbracht, oft mehrere Stunden am Tag in der Stille verbracht und mehrere Wochen in der kompletten Dunkelheit.

Musik läuft bei mir selten, meist ziehe ich die Stille vor, bei der Arbeit, beim Relaxen, beim Reisen.

Langsam hatte ich immer mehr das Gefühl, wahnsinnig zu werden, die Menschen, mit denen ich mich austausche, hatte ich schon längst auf das minimale Mass beschränkt, Feste sind für mich meist eine Qual, öffentlicher Verkehr eine Tortur.

Ich tauche in Menschenmenge so wie ein Messer ins Brot: Klar, kurz, schnell rein und dann wieder raus.

Wenn in meinen Räumen oder darum herum Lärm ist, dann spür ich das oft mitten in meinem Herz, das herunterkommen, das entspannen dauert oft bis zu 2 Stunden, und wenn die Störung anhält auch mehrere Tage.

Ich hatte mich an vieles davon gewöhnt, viele meiner Mitmeditierer und -sucher haben eine ähnliche Lebensorganisation. Ich hielt das für unvermeidlich und für diese Lebensausrichtung als normal.

Dr. med. Roger Ziegler hat beim Leibarzt des Dalai Lama gelernt und erzählt, dass der Dalai Lama selbst spürt, wie er nervlich gereizt wird, wenn er seine Medizin nicht nehmen kann. Das hat mich überrascht.

Hildegard von Bingen scheint ihr ganzes Leben diesem Thema gewidmet zu haben, weil diese Erscheinung die Mönche und sie selbst schon damals heftig betroffen gemacht hat.

Die chinesische Medizin kennt dieses Problem und beschreibt das so:

Wer sein Nervensystem so fein eingestellt hat, der nimmt viel mehr wahr als andere, in manchen Nervenzentren wird 400x mehr Information verarbeitet als bei «normalen» Menschen.

Das führt im Hirn zu einer Überhitzung und Übersäuerung: Diesen Folgen kann mit einfacher und günstiger Medizin entgegengewirkt werden.

Zusätzlich wird der Solarplexus maximal belastet: Das wäre der Dreh- und Angelpunkt, welcher benötigt wird, um die vielen Wahrnehmungen zu erden. Die grosse Anzahl Impulse kann den Solarplexus überlasten, und wenn dieser durch frühe Traumata schon geschwächt oder blockiert wurde, dann gelingt die Erdung nicht mehr.

Andere Menschen erfahren Betroffene dann als ungeerdet, airy-fairy, fliegend, im Kopf oder auch wechselhaft bis manisch-depressiv.

Ich habe Feedbacks in diese Richtung erhalten, und mehr und mehr gelernt, mich mit grosser Kraft und Willensanstrengung selbst zu halten, respektive meinen eigenen Raum zu halten. Ganz selten, bei besonders grossen Irritationen von Aussen, die eine etwas schärfere Klarstellung erlaubten, habe ich diesen inneren Druck etwas entweichen lassen.

Um mich zu erden, gehe ich seit 10 Jahren barfuss, doch das hat nicht gereicht.

Mit der Medizin von Dr.med. Roger Ziegler, vornehmlich GABA zur Kühlung des Gehirns und Maka-Tinktur zur Entspannung des äusserst harten Solarplexus spüre ich, dass ich langsam wieder normal werde, diesen extremen Nervenstress handhaben, und meine Fähigkeiten zu Gunsten von mir und anderen Wesen konstruktiv einsetzen kann.

Es gibt zusätzliche Padma-Produkte und weitere Medizin, die je nach Ausgangslage und Heilungsfortschritt verschrieben werden.

Wenn der Nervenstress nicht über den Solarplexus in die Beine und zur Erde abgeführt werden kann, dann steigt der Druck im Herz – als der Stufe davor. Der Druck wäre im Solarplexus am grössten, ist aber dort nicht wahrnehmbar, weil dieser durch die Langzeitbelastung taub wird. Mein Herz hat sich oft angefühlt, als würde es explodieren, der Druck war, als physischer Schmerz, oft kaum auszuhalten und ich habe mich oft gewundert, ob das die Vorstufe zu einem Herzinfarkt sei.

Die Fähigkeit, mich selbst über so lange Zeit mit enormem Druck zu halten hat meine Haltekraft grösser gemacht, das ist der versteckte Gewinn aus dieser herausfordernden Zeit.

EHS ist aus meiner Sicht eine Unterkategorie von HS – also von Hochsensibilität.

Der Arzt Dr. med. Roger Ziegler macht telefonische Beratungstermine und ist unter www.rogerziegler.ch erreichbar.

Vielen Dank, Roger!

Teil 3: Geistige Prinzipien

Heilung über Haltung und Erkenntnis

Genauer werden: Fähigkeiten identifizieren

Ich wähle hier bewusst den Ausdruck «Fähigkeiten» - das ist die Potentialsicht, die meist vergessen wird, wenn sich eine Fähigkeit übermässig in den Vordergrund drängt.

Mit Fähigkeit meine ich die unfassbaren Möglichkeiten unseres Nervensystems, Reize unserer Umwelt wahrzunehmen, und bei entsprechender Konditionierung, wenn sie als gefahrlos eingestuft werden, noch weit vor dem Hirn – zum Beispiel in der Retina schon auszublenden, oder, wenn sie als potentiell gefährlich eingestuft werden, den anderen Reizen dermassen vorzuschieben, dass wir ihrer gewahr werden müssen, oft durch Schmerz.

Die Frage ist, ***auf was*** genau verschiedene Menschen reagieren.

Es gibt bei unseren modernen Geräten viele Emissionen:

- **Mobilfunk** (für Telefonie und Daten)
- **WLAN** (für Telefonie und Daten in Räumen oder ÖV)
- **Bluetooth (**Nahfunk, z.B. für Kopfhörer)
- **NFC** (zum Auslesen von batterielosen Chips, zum Koppeln von Handys, ..)
- **Der Prozessortakt** – der auch bei Handys im Schlafmodus für viele gut fühlbar ist. Je schneller, desto schwieriger für den Körper.
- **Allfällige weitere Funktechnologien,** die uns verschwiegen werden, die auch bei ausgeschaltetem Handy weiter wirken und entsprechend wahrnehmbar sind für Spezialisten.
- **Die Touch-Bildschirme mit ihren elektrostatischen Ladungen.**

- **Drahtlose Stromladung** von Handys: Im Auto, in Möbeln und in drahtlosen Ladegeräten – die strahlen wohl von allem am heftigsten.
- **GPS:** GPS wird als reiner Empfänger angesehen. Wenn wir uns den Abfluss der Badewanne vorstellen, als Empfänger des Wassers, dann verstehen wir, dass sich dort das Wasser von der Duschbrause oder dem Badewannenwasserhahn sammelt. Wenn es mehrere Abflüsse hätte, dann würde sich das Wasser zu diesen Abflüssen hinfliessen. Das ist nicht das Bild, welches von den Universitäten und Ingenieuren normalerweise vermittelt wird, doch ist es zumindest als alternative Denkweise annehmbar.

  Wenn wir dieses Bild zugrunde legen und es auf die GPS-Strahlung übertragen, dann macht es Sinn, dass GPS Empfänger GPS Strahlung anziehen – genau das ist es nämlich, was Diana Henz von der Universität Mainz mit ihren Hirnstrommessungen misst. Sobald der GPS-Empfänger eingeschaltet ist, misst sie massiv mehr Irritationen in den Hirnströmen, als wenn dieser ausgeschaltet ist.

  Ähnlich wie bei der Störung durch ausgeschaltete Handys passt diese Messung nicht in das, was man uns von technischer Seite erzählt. Ich führe diese Effekte hier bewusst auf, bin mir bewusst, dass ich mich dadurch angreifbar mache. Mein Ziel ist es Wissen zu schaffen. Das derzeitige Wissen, oder seine Verbreitung davon, schützen uns nicht vor EHS und vielen anderen Schäden. Also gilt es, das Bewusstsein, den Blick wieder weit zu machen, um eine breitere Wahrnehmung zu entwickeln.

Es scheint, dass verschiedene Menschen auf ganz verschiedene Emissionen reagieren, weil ihr Nervensystem darauf trainiert ist, die entsprechenden Frequenzen wahrzunehmen.

Und es scheint ebenfalls, dass unsere Körper auf die uralten Handys und deren wesentlich langsameren Prozessoren entweder technologisch oder weil die damals noch so selten waren, also mengenmässig, nicht reagieren.

Dani Battisti hat auf meine beiden Geräte direkt, schnell und klar reagiert:

> Mein Handy im Flugzeugmodus, welches ich für die Aufzeichnung des Interviews brauche, das ist ihm unangenehm, er fühlt es als spitz und hart. Den Laptop Asus ExpertBook, den ich zum Aufschreiben des Gesagten brauche, den fühlt er als breiter und sanfter. Die CPU des Laptops hat eine Basisgeschwindigkeit von 2.4Ghz und taktet beim Schreiben und Warten zwischen 1 und 1.7 Ghz.
>
> **Mein Handy** Huawei P30 hat einen Kirin 980 Prozessor mit 2.6Ghz Taktgeschwindigkeit, 8 Kernen, die zwischen 826 Mhz und 1460 Mhz takten – die CPU-Last liegt bei 0%.
>
> Laptop und Handy haben allen Funkverkehr (WLAN, Mobilfunk, Bluetooth) ausgeschaltet. Nach offiziellen Angaben ist das alles, was funkt, aber, wer tiefer in die Details schaut, weiss, dass die immer schnelleren Pulse der Prozessoren bei jedem Flankenwechsel von 0 auf 1 oder 1 auf 0 auch ein Magnetfeld abstrahlen. Bei Handy und Laptop im Offlinemodus scheint mir dieses pulsierende Magnetfeld dasjenige zu sein, auf welches sein Nervensystem trainiert ist. Es hat den Anschein, dass unsere

Nervensysteme auf ganz verschiedene Auswirkungen von Elektrosmog reagieren – meine Fingerspitzen z.B. werden langsam taub, wenn ich den Touchscreen bediene, so dass manchmal alle Finger meiner rechten Hand schon taub sind – wenn ich einiges am Bildschirm erledigen will. Diese Taubheit fühlt sich an wie einschlafen, und ist jeweils am Folgemorgen wieder weg.

Bettina erfühlt auch ausgeschaltete Handys von Spaziergängern auf Distanz und bittet ihre Besucher, ihre Handys draussen zu lassen. Sie hat unter den abgeschirmten Stromleitungen genauso gelitten, wie ohne Abschirmung, erst das Herausreissen derselben hat ihr Frieden verschafft.

Peggy Stoll hat extrem unter WLAN- und Mobilfunksendern gelitten, auch das schnelle Flackern der billigen LED-Strahler haben ihr Nervensystem irritiert.

Hinweis: Hochwertige LED-Strahler haben einen Gleichrichter, der ein paar Rappen teurer ist: Der filtert den Wechselstromanteil aus dem Gleichstrom mehr oder ganz hinaus – was bleibt ist ein sauberer Gleichstrom – der die LED ohne Flackern leuchten lässt.

Ich schreibe diese Details, damit Du weiter forschen kannst:

- Deine Wahrnehmungen ernst nehmen,
- Geräte vergleichen,
- Wahrnehmungen überprüfen,
- EHS-Menschen befragen,
- Massnahmen testen,
- Ursachen ausschliessen.

Der Titel dieses letzten Abschnitts lautet *«Verschiedene Einflüsse, verschiedene Fähigkeiten»*.

Genauer werden ist eine Massnahme. Wer nur mit ihr arbeitet, hat ein Problem, das verschärfte Problem, welches unsere ganze Gesellschaft über die Spezialisierung schon hat, wir werden zu Detailidioten, welche den Blick für das Ganze verlieren.

Genauer werden ist andererseits ein wunderbares Werkzeug, wenn wir es bewusst einsetzen, wenn wir diese Fähigkeit pendeln lassen, mit anderen, zwei davon stelle ich in den nächsten beiden Kapiteln vor.

Im ganz Kleinen tauchen solche Überspezialisierungen ständig auf: Wenn jemand in der Familie schwanger wird, sehen wir plötzlich überall schwangere. Wenn wir einen neuen Baum entdeckt haben, der uns gefällt, sehen wir diesen plötzlich überall.

Wenn wir uns eine gelbe Linie um den Parkplatz gezogen haben, sehen wir plötzlich überall gelbe Linien. Diese Überspezialisierungen fallen meist unbemerkt wieder auf Normal zurück, sobald sie unwichtig werden.

Was uns bei diesen Überspezialisierungen meist entgeht, wie dermassen fein diese Wahrnehmung trainiert werden kann – bewusst oder unbewusst. Der Schlüssel ist also, dass wir aus der Haltung von «*passiert mir*» zu «*ich entscheide mich dafür*» kommen. Das ist ein Ermächtigungsschritt, wie wir es in vielen Bereichen schon gelernt haben, z.B. in der Liebe: Wer damit anfängt, der wird vom Pfeil Amors getroffen (oder «*he falls in love*») – beides ein passiver Akt. Wer sich darin vertieft, der entscheidet sich irgendwann, die Liebe zu kultivieren wie ein Gärtner – oder in Englisch: «*to rise in love*». Er macht also aus dem passiven Zu-Fall eine aktive Kunst.

Das ist für mich in diesem Thema auch die Kunst.

Wenn es möglich ist, mit unseren Nervensystemen so verschiedene Strahlungsarten dermassen klar wahrzunehmen, und diese Sensibilisierung auch wieder zu desensibilisieren, dann stellt sich die Frage, was wir alles noch wahrnehmen können mit unserem unfassbar feinen Nervensystem.

Wenn wir diese Tür aufstossen, öffnet sich ein Raum, den wir kaum erahnen können.

Gesetz der Anziehung

Das Gesetz der Anziehung ist ein uralter Schlüssel der Macht.

Wer versteht, wie es funktioniert, kann auf einer ganz anderen Ebene Ziele verfolgen, als uns das in der Schule gelehrt wird.

Bärbel Mohr (Parkplatzbestellung) hat diese Gesetzmässigkeiten im deutschsprachigen Raum durch viele Bücher und Seminare vermittelt, im englischen Sprachraum sind **Esther und Jerry Hicks, respektive Abraham** damit weltbekannt geworden.

Auch **Joe Dispenza** arbeitet mit diesen Methoden, auch wenn er teilweise eigene Begriffe verwendet und zusätzlich das Nichts und Niemand einführt – was auch gute Ergebnisse erzielt.

Neville Goddard hat das Thema schon 80 Jahre früher ausführlich beschrieben, Beispiele zusammengestellt, Anleitungen geschrieben und Kurse gegeben.

Ich habe mir, nach tiefem Studium der Materie über mehrere Jahre den Doktortitel gegeben, nachdem ich 2 grosse Themen manifestiert hatte – eines davon war einer der grössten Aufträge in meinem Unternehmen.

Dieser kam zu mir, nach nur **5 Tagen** Manifestationszeit in der Hängematte – an jedem Tag habe ich mir dafür jeweils **5 Minuten** Zeit genommen.

Ich habe keine Teilschritte oder Massnahmenpläne definiert, keine Kundenakquise gemacht, das Internet nicht nach möglichen Aufträgen durchforstet. Ich habe mir nur überlegt, was ich wollte und dieses Bild jeweils während 5 Minuten visualisiert –

zusammen mit der Freude, die sich einstellen würde, wenn der Auftrag erteilt worden ist.

Der Wunsch war einfach: Ich wollte wieder einmal richtig Geld verdienen – in meinem Leben habe ich jedes Jahr zwischen mehreren Monaten Weiterbildung und Arbeit gependelt – und es war wieder an der Zeit, Geld zu verdienen.

Der Auftrag war genau entsprechend meinem Wunsch: Sehr lukrativ.

Allerdings hatte ich nicht spezifiziert, wie hoch der Stresslevel sein sollte, ich hatte nicht definiert, wie der Umgang zwischen dem erteilenden Unternehmen und mir, oder zwischen mir und den Kunden sein sollte.

Diese Punkte waren dermassen haarsträubend, dass ich für die Erholung danach 2 Jahre brauchte.

Deshalb: Es ist ein guter Plan, sich genau zu überlegen, was man will.

Und auch: Man kann diese Absicht immer wieder ändern und das, was einem zufällt auch jederzeit ablehnen.

Ich habe in diesem Fall weder zurückgewiesen noch optimiert.

Das Gesetz der Anziehung wird oft in den folgenden 4 Schritten beschrieben:

1) Erkenne, was Du nicht mehr willst
2) Definiere, was Du anstelle dessen willst
3) Fühle das gewünschte, zusammen mit Freude
4) Lass es los.

Der erste Schritt könnte sich im Thema Partnerschaft wie folgt darstellen:

> *Ich will keine stressigen, aufreibenden und dramatischen Beziehungen mehr.*

Die meisten Menschen bleiben, mangels besseren Wissens, bei diesem Schritt stehen, wenn ich Menschen begleite, hat sich diese Aussage schon meist verhärtet und führt dadurch zu einem Muster, welches genau solche Partnerschaften anzieht.

Im zweiten Schritt entwickeln wir das, was anstelle dessen gewünscht ist: Das könnte sich in Bezug auf Beziehungen wie folgt ausdrücken:

> *Ich will Partnerschaften leben und pflegen, die mir gut tun, die mir Freude machen, die erhebend sind und in denen ich als Wesen, als Mann und als der ich bin geliebt werde.*

Das ist etwas viel für ein Ziel, aber ich öffne hier bewusst die Möglichkeiten, dass Du, wenn das Dein Thema ist, das wählen kannst, was bei Dir Resonanz erzeugt.

Im dritten Schritt geht es darum, das Zielbild mit Freude zu fühlen.

Stell Dir die Freude vor, die Du in Deinem ganzen Körper, in allen Zellen fühlst, wenn sich das Bild manifestiert hast.

Dafür kannst Du Dir mindestens 2 Minuten Zeit nehmen.

Wenn Du für eine starke Manifestation sorgen willst, dann tust Du das mehrfach, das ist besser, als wenn Du diese Übung 10 Minuten lang machst.

Wenn Du ein besonders scharfes Thema hast, zum Beispiel EHS, dann beginnst Du nicht damit, sondern Du beginnst mit etwas belanglosem. Einem roten Schmetterling zum Beispiel.

Du beginnst mit etwas, was kulturell und bei Dir keine grossen Widerstände hinterlegt hat. Sex, Liebe und Geld haben diese Widerstände, die sind belegt und umlagert mit 1000 Glaubenssätzen darüber, was wir dürfen, nicht dürfen, sollen, oder nicht sollen. Das sind starke Hürden. Meine Arbeit an diesem Thema hat dann auch nicht 5 Tage gedauert, sondern ein paar Jahre.

Im vierten und letzten Schritt wird oft von «Loslassen» gesprochen.

Das erscheint mir problematisch– loslassen kann fast niemand von uns. Was aber anstelle dessen prima funktioniert ist, wenn wir etwas komplett anderes fokussieren. Das führt immer dazu, dass wir das erste Loslassen. Wenn das Kleinkind wegen dem Schmerz durch sein Hinfallen weint, geben wir ihm einen stärkeren Reiz, das Mangoglacé. Ist der Reiz grösser, vergisst es den Schmerz. Wenn wir das Kind bitten würden, den Schmerz am Knie loszulassen, dann wären die Erfolgschancen gering.

Wenn Du geplagt bist von EHS, dann ***hilft Dir*** diese Übersensibilisierung hier. Sobald Du nicht mehr Dein inneres Ziel-Bild festhältst, wird Dich das Kribbeln oder der Schmerz wieder anders fokussieren. EHS hilft Dir also, loszulassen und etwas anderes zu fokussieren.

Und das führt uns zum nächsten Kapitel: Reframing.

Reframing ist eine Technik von NLP.

Doch bevor wir uns damit auseinandersetzen, gebe ich Dir ein Beispiel für den Einsatz von Gesetz der Anziehung und EHS:

1) **Was willst Du nicht mehr?**
   Dieses schreckliche Kribbeln, den Schmerz in allen Gliedern, diese Hilflosigkeit.
2) **Was willst Du anstelle dessen?**
   Ich will mich mit Menschen an schönen Orten treffen.
3) **Fühle das Bild**
   Stell Dir vor, wie Du mit Deinen Freunden an einem schönen Ort bist und lachst.
   Sei so unspezifisch wie möglich. Fühle die Freude über dieses Bild, verbinde Dich mit Deiner Dankbarkeit, danke alle, die Dich zu diesem Bild gebracht haben, oder ihren Beitrag zu dessen Erfüllung geleistet haben.
   Beides – die Dankbarkeit und die Freude sind starke Attraktoren, die Dein Zielbild anziehen, je mehr Du sie fühlen kannst. Mehr Anziehung bedeutet auch schnellere Umsetzung.
   Das Zielbild ist die Richtung, das Steuerrad gewissermassen, und die Freude oder Dankbarkeit ist das Gaspedal. Im Gegensatz dazu wäre Schmerz oder Angst die Bremse. Es funktioniert auch dann, nur wesentlich langsamer.
4) **Lass es los**, respektive: Wende Dich etwas ganz anderem zu.

Joe Dispenza hat auch so gearbeitet – seine Rückenverletzungen waren nach wenigen Wochen geheilt!

Ein gutes Beispiel, wie so etwas auch intuitiv ablaufen kann, ist folgendes:

Ich habe meine Schlüssel verlegt. Mich kurz geärgert und dann an meine Macht erinnert. Darauf habe ich mir vorgestellt, wie ich die Schlüssel wieder finde und mich darüber freue.

Darauf habe ich mich gefragt, was ich denn jetzt gerade für ein Bedürfnis habe.

Hunger war die Antwort. Also bin ich zum Kühlschrank, um ein bisschen nah zu sehen.

Neben den Kühlschrank lag: Mein Schlüsselbund.

Umsetzung vom Wunsch bis zur Erfüllung: Geschätzte 30 Sekunden.

Ein paar Tipps zum Gesetz der Anziehung:

1) **Vorbereitung:** Eine gute Vorbereitung für Manifestation ist es, sich in höherschwingende Gefühle zu bringen – das sind vornehmlich: Liebe, Freude, Dankbarkeit. Wer gerne singt, dem hilft singen, wer gerne spaziert: Das hilft genauso gut. Wer sich eine Liste von Punkten macht, für die er oder sie dankbar ist, kann diese durchgehen, langsam, Punkt für Punkt und jeden dieser Punkte fühlen. Nach spätestens 5 Minuten dürfte Deine Stimmung sehr viel besser sein.

   Manifestation geht immer dann besonders gut, wenn wir sie nicht brauchen, weil wir happy, im Flow, zufrieden und glücklich sind. Dann sind wir mit allem verbunden. Dann geht die Botschaft unserer Zielbilder ganz leicht ins Grössere und kann sich dort manifestieren.

2) **Zielbilder:** Deine Zielbilder sind am besten kurz, prägnant und einfach. Je allgemeiner diese sind, desto besser.

   Ganz wichtig: Gefühle sind allgemeiner als Fakten und Umstände.

   Beispiel: Am Partnerschaftsbeispiel würde das heissen: «*Ich fühle mich bedingungslos geliebt*» ist ein viel stärkeres Zielbild als «*Sie ist blond und zierlich und geht auch gern nach Sardinien in die Ferien*».

   Zielbilder kannst Du über die Zeit verfeinern. Wenn Du sofort mit einer 3-seitigen Liste der Attribute Deiner Zielfrau anfängst, dann wirst Du die Freude nach kurzer Zeit verlieren und das ganze Bild kann keine Kraft entwickeln.

3) **Frequenz:** Dein Zielbild kannst Du Dir täglich oder mehrmals täglich machen. Ein guter Ort ist ein stiller, bequemer Ort ohne äussere Störungen. Das Telefon im

Flugzeugmodus ist hilfreich. Stell den Timer auf 3 Minuten, dann kann sich auch Dein Geist entspannen.
Wenn Du vorher tief und langsam zu atmen beginnst, dann wird das auch Deinen Geist verlangsamen. Ein schneller Geist ist in diesem Moment nicht hilfreich.
Wer fühlt, kann gleichzeitig nicht denken, und wer denkt kann gleichzeitig nicht fühlen. Hier wollen wir nicht denken, also gehen wir ins Fühlen und die Wahrnehmung.
Wir konzentrieren uns also auf unseren Atem, lenken unseren Fokus auf das Vogelgezwitscher, das Plätschern des Bächleins oder den Wind auf unserer Haut.

4) **Bestellungen annehmen:** Es ist wie bei Zalando: Du musst nichts annehmen. ***Du darfst sie zurückgehen lassen.*** Wenn Dir schon beim Empfang klar ist, dass die Bestellung noch nicht komplett ist, dann kannst Du sie sofort, ohne schlechtes Gewissen zurückgehen lassen.

Unser Körperbewusstsein ist ein wundervolles Wesen, etwa so wie ein Kind, Peggy beschreibt es früher in diesem Buch.

Im Leben gibt es verschiedene Schichten.

Eine davon ist die **Fakten-Schicht**. Dinge sind, wie sie sind. Menschen kommen. Menschen gehen. Dinge kommen und gehen kaputt, oder verloren. Andere Dinge kommen.

Eine andere ist die **Schicht der Bedeutung** dessen, was wir diesen Fakten geben. Hier spielt auch viel kulturelle Prägung hinein. Wenn wir den Schlüssel verlieren, ist es ein Drama, weil wir dann zu spät kommen. Wenn unser Freund zu spät kommt, ist das ärgerlich, weil unser Zeitplan kaputt ist. Wenn wir im Lotto gewinnen, ist das wunderbar.

Diese Bedeutungsschicht ist einfacher zu verändern als die Fakten-Schicht. Und es ist diese Bedeutungsschicht, welche uns leiden lässt.

Das folgende Beispiel stammt von Umberto Saxer:

Ein Paar war auf seiner Hochzeitsreise in einem Hotel in Mailand abgestiegen. Es war morgens um 01:00, beide waren todmüde, konnten aber nicht schlafen. Im Nebenzimmer haben Inder einen Riesenlärm gemacht, der fast unerträglich war. Die junge Ehefrau war genervt und hat ihren Ehemann gebeten, für Ruhe und Ordnung zu sorgen. Der ist aufgestanden, hat sich angezogen und ist zum Nebenzimmer gegangen und hat dort geklopft und mit den indischen Zimmernachbarn geredet.

Danach ist er zu seiner Ehefrau zurück und hat ihr berichtet, dass die Inder die Geburt des ersten Kindes feiern.

Mit einem Lächeln ist die Ehefrau kurz darauf eingeschlafen.

Was ist passiert? Sie wünscht sich Kinder. Sie liebt Kinder. Die Inder im Nebenzimmer sind offensichtlich glückliche Eltern geworden, das ist eine frohe Botschaft. Dagegen kann man sich nicht stemmen, dazu kann man sich nur entspannen. Mit einem Lächeln im Herzen und einem auf dem Gesicht.

Die Faktenlage hat sich nicht geändert, und bis heute ist mir nicht klar, ob der junge Ehemann getrickst hat, oder nicht. Seine Nachricht hat aber seine Frau entspannt.

Diesen Prozess nennt man Reframing.

Ein Reframing für EHS könnte sein: *Wow, toll, ich bin wirklich zutiefst beeindruckt über die enorme Feinfühligkeit meines Nervensystems. Ich kenne kein technisches Gerät, welches ausgeschaltete Handys messen kann, aber mein Nervensystem kann das. Wunderbar. Wofür kann ich diese Feinfühligkeit noch verwenden?*

Ein anderes Reframing für den Schmerz könnte Dir folgende Geschichte vermitteln:

Ich lag in meiner Badewanne und hatte schreckliche seelische Schmerzen. Ich fühlte mich wertlos, wie noch nie. Klein, ohnmächtig, und im Äussersten wertlos. Alle meine Massnahmen von ganz hineinfühlen, oder meinen Fokus ganz woanders hinsetzen, also Ablenkung im besten Sinn, hatten nichts gefruchtet. Ich war verzweifelt. Der letzte Notanker, den ich kannte, war, einen guten

Freund anzurufen und ihn zu bitten, mir mit Wohlwollen zuzuhören. Das habe ich gemacht. Er war erreichbar – was ganz selten ist. Ich habe ihn gebeten, mir einfach einen Moment zuzuhören und an meinem Schmerz teilzunehmen. Er musste nichts machen, nicht heiter sein, oder Witze machen. Einfach in liebevoller Präsenz zuzuhören, das war mein Wunsch.

Das hat er gemacht und mir danach folgendes gesagt: «David, durch das Zeigen Deines Schmerzes hast Du mich ganz in den Moment gebracht. Danke dafür».

Das war das letzte, was ich erwartet hatte in meiner hilflosen Nutzlosigkeit. Diesen Nutzen habe ich nie erwartet und doch sofort verstanden. Danke dafür.

Mein Freund hat mir damals «Schmerz» in einen neuen Kontext gesetzt.

Dass Schmerz einer der besten Wachstumstreiber ist, das war mir bewusst. Und ich hatte mich entschieden, dass mein Wachstum über ganz andere Massnahmen stattfinden sollte.

Dass Schmerz aber auch ganz in den Moment bringt – wer fühlt, kann nicht denken, wer denkt, kann nicht fühlen, das war mir in diesem Moment nicht bewusst.

Kribbeln ist erst mal kribbeln. Kribbeln kann Ausdruck sein für Freude, für Lebendigkeit und vieles mehr.

Schmerz bringt uns ganz in den Moment.

Es kann eine gute Idee sein, für Dinge, die normalerweise negativ konnotiert sind in unserem Leben, deren Vorteil zu suchen.

Ich mache ein paar Beispiele:

Schrecklich, ich kann, oder wir dürfen nicht mehr mit dem Flugzeug reisen.

> *Wunderbar, diese Globalisierung hat mir schon lange Irritationen bereitet. Wir haben eine wunderbare Natur hier in diesem Land, es gibt keinen Grund, weit weg zu reisen.*
>
> *Wunderbar, jetzt kann niemand von mir mehr Geschäftsbesuche fordern, bei denen ich mich nach der Reise wie gerädert fühle.*

Schrecklich, niemand hat erkannt, was mir fehlt.

> *Eine grössere Unterstützung, dass ich mich nicht mehr auf andere verlasse, sondern selbst erforsche, was mir gut tut, habe ich noch nie erhalten.*

Schrecklich, nichts scheint zu helfen, was meine Sensibilität angeht.

> *Wunderbar, ich werde in die tiefste Forschungsreise gezwungen und muss lernen genau zu sein, im Innern, im Aussen, nur noch meiner Wahrnehmung zu vertrauen.*

Schrecklich, die digitale Kommunikation ist einfach zu schmerzhaft für mich.

> *Wunderbar. Es gibt keinen grösseren Anreiz, mich ganz auf die analoge Kommunikation, auf die Präsenz mit Menschen, Tieren, Bäumen einzulassen.*

Schrecklich, ich sollte doch sofort auf Emails, SMS, Whatsapp, Telegram, Signal, Twitter, Facebook und Anrufe antworten.

Wunderbar, endlich kann ich zu meiner Zeit, nach meiner inneren Wahrheit mit denen in Kontakt treten, die ich selbst wähle. Und ich habe ganz neu den emotionalen Wert von Briefen kennenlernen und schätzen gelernt.

Schrecklich, ich kann als EHS-Betroffener nur noch mailen und mich in sozialen Netzwerken bewegen, wenn mein Handy am Netzwerkkabel im Büro oder zuhause hängt.

Super, dann wissen die Menschen, dass ich unterwegs nicht erreichbar bin, und ich kann die Reise voll und ganz geniessen (Vorausgesetzt, Du hast einen Weg gefunden, Dich unterwegs vom Strahlensalat gut abzuschirmen)

Oder

Super, endlich kann ich mich auf reale Beziehungen und Kontakte fokussieren und meine realen Freundschaften pflegen, zuhören und gehört werden – Botschaften vermitteln, die länger als 280 Zeichen sind (Twitter), oder meine Wahrheit sagen, ohne gesperrt zu werden (Facebook und Twitter).

Schrecklich, meine Freundin (oder ich selbst) ist sofort eifersüchtig, wenn sie nicht sofort eine Antwort auf ihre Nachricht erhält.

Wunderbar – endlich können wir diese Eifersucht heilen, lernen, den Fokus ganz in unser Herz zu nehmen, wenn er uns rausgezogen wird, und die Beziehung klären.

Schrecklich, wir dürfen nicht mehr heizen, sonst kommen wir ins Gefängnis.

Super, Im Gefängnis wird sicher gut geheizt, die haben einen fürsorgerischen Auftrag, und es gibt auch 3 Mahlzeiten, zwei davon sogar warm, und bei der Dritten Tee, Kaffee oder heisse Schokolade.

Super, endlich ein Abenteuer hier vor Ort, da lernt man neue Menschen kennen.

Ich war im Gefängnis für eine Busse, die ich aus Gewissensgründen nicht bezahlen konnte. Der Aufenthalt war sehr lehrreich. Wer hier Sarkasmus vermutet, der irrt.

Kernschmerz und Reaktions- oder Schutzschmerz

Wenn ich in meine Geschichte zurückschaue, dann merke ich, dass ich schmerzerfahren bin in körperlichen Schmerzen, aber noch viel mehr in seelischen Schmerzen.

Entsprechend habe ich ein Leben lang gesucht, was diese Schmerzen lindern oder lösen kann. Ich habe externe Faktoren, interne Faktoren, karmische Geschichten, Ahnenkonstellationen, Länderkonditionierungen, die Beziehung zwischen Mann und Weib* in unserer Gesellschaft, elektromagnetische Einflüsse, die Ernährung, Fremdenergien, inkarnationsüberdauernde Verträge und vieles mehr angeschaut.

* In meinem Verständnis ist Weib (weiblich) keine Abwertung, Frau hingegen schon.

Einer meiner grössten Schmerzen war der Selbstvorwurf – der viel grösser war als der Trennungsschmerz, der in diesem Fall der Kernschmerz war.

Meist ist der grosse Schmerz nicht der Ursprungsschmerz, sondern der Schmerz der Verkrampfung von Körper und Seele gegen diesen Schmerz. Und das geht sogar in mehreren Schichten.

Wenn dieser Reaktionsschmerz gelöst werden kann, dann ist meist der Ursprungsschmerz nur noch ein ganz kleines verhärtetes, meist vergessenes Stück.

Aber was noch viel verrückter ist: Dieser Schmerz kann normalerweise innert 5 Minuten durchgefühlt werden.

Ein Beispiel:

Der Kernschmerz könnte sein, dass wir in einem sensiblen Moment mit unserem Partner das Gefühl haben, nichts wert zu sein. Und unseren Partner sehen wir immer wieder. Wenn dieser Schmerz stehen bleibt, und wir uns dagegen wehren, uns mehr einkapseln und die Schultern nach vorn, ums Herz herumziehen, weil wir nicht besser wissen, damit umzugehen, dann entsteht durch das Verdrängen oft ein Reaktions- oder Schutzschmerz durch die Anstrengung, den Kernschmerz abzuschirmen.

Das kann noch weiter gehen - wir fühlen dann möglicherweise Schuld, nicht heiter zu sein, aber glauben, heiter sein zu müssen. Und wenn wir die Schultern schon verkrampft haben, um das Herz zu schützen, dann sind bald Kopfschmerzen die Folge dieser Schulterschmerzen.

Durchfühlen

Christian Meyer aus Berlin vermittelt «Aufwachen». Aufwachen bezeichnet den Prozess, aus dem Widerstand und den daraus folgenden Konzepten wieder ganz in den Moment zu kommen.

Aufgewachte Menschen beschreiben die Verbindung zu allem, was ist, sie beschreiben, dass sie nicht einzelne Dinge in Sequenz wahrnehmen, sondern den kontinuierlichen Zeitfluss. Sie beschreiben auch, dass es damit für sie schwieriger wird, Termine einzuhalten, weil es ein «danach» nicht mehr gibt, die Orientierung ist an der primären gottgegebenen Immer-Jetzt-Zeit und nicht mehr an der sekundären, lizenzierten, sekundenbasierten Zeit.

Sie beschreiben ein eher stilles Glücksgefühl, welches ununterbrochen anhält.

Christian Meyer hat diesen Prozess des Aufwachens im Detail erforscht und kann ihn so vermitteln, dass an jedem Seminar viele Menschen aufwachen. Das geschieht manchmal auch im Alltag und wird in der Psychiatrie oft nicht verstanden. Er kann es erklären und vor Allem hat er die Mittel und Massnahmen erkannt, um diesen Zustand andauern zu lassen.

Dieser Zustand entsteht dann, wenn wir ganz aus der selbstgemachten, anstrengenden Trennung gehen. Diese Trennung besteht aus meiner Sicht fast ausschliesslich auf Reaktions- oder Schutzschmerz.

Er beschreibt, wie man solchen Schmerz durchfühlt. Man rennt nicht davon, lenkt sich ab, sondern man zieht sich an einen ungestörten, geschützten Platz zurück und fühlt in sich hinein, wie es einem geht. Dabei ist das Gefühl von Interesse, weniger der körperliche Schmerz.

Man trennt sich nicht von diesem Schmerz, sondern bleibt einfach präsent damit. Man macht gar nichts. Wenn Gedanken kommen, dann lässt man die wieder ziehen und fühlt wieder in den Schmerzraum hinein.

Wenn Handlungsimpulse kommen, dann lässt man die auch wieder ziehen und fühlt wieder in den Schmerz hinein.

Wenn der Schmerz zu gross ist, dann ist es fast nicht möglich, dabei zu bleiben, dann hilft eine Erkenntnis aus der Trauma-Heilung, die sich Titrieren nennt. Man geht zum Schmerz und wieder raus, und pendelt hin und her. Das geht am besten mit einem Helfer.

Ich habe mir dafür am Computer in einem Audioschnittprogramm 120 Sekunden Stille zu einem Gongschlag hinzugefügt und lasse mir das im Loop laufen. Damit bin ich sicher, dass ich nie zu lange im Schmerz bleibe, oder mich in Gedanken verlieren. Wer denkt, kann nicht fühlen, so weichen wir dem Schmerz aus.

Wer einen gut trainierten Partner hat, der macht mit diesem die Wechselübung «Wessen bist Du Dir jetzt bewusst». Dies ist für Schmerzbehandlung und Aufwachen das stärkste mir bekannte Instrument.

Selbst übertreiben oder übertreiben lassen

In unserem Kulturkreis stehen wir nicht auf Übertreibungen von Schmerz. Wir haben gelernt tapfer zu sein, ein bisschen mehr zu geben, als von uns gefordert, vielleicht kurz vor dem Tod noch kurz zu seufzen, aber davor sicher niemanden zu stören.

Damit halten wir uns selbst im Leiden gefangen.

In Sachen Schmerz kann Übertreibung allerdings Wunder wirken.

Und wir dürfen uns selbst die Erlaubnis geben, zu übertreiben.

Wir dürfen das ganze unserem Partner erklären, und er kann uns auch seine Erlaubnis zur Übertreibung geben, wenn er mal gemerkt hat, wie befreiend das ist, werden wir seine Erlaubnis nicht mehr benötigen.

Übertreibung kann Spass machen. Süditalienisches Drama. Das kann uns lebendig machen. Unser Wunsch gesehen zu werden, wird mehr als erfüllt. Und wir können unserem Gegenüber diese Erlaubnis auch geben. Dadurch kann sich ganz viel Reaktionsschmerz durch Zurückhaltung, Nicht-Stören, Angepasst-Sein auflösen. Das, was vorher nicht sein durfte, darf jetzt sein. Wir verdrängen nicht mehr, wir zeigen.

Und wer Familienstellen kennt, der weiss: Der erste Schritt zur Heilung ist das bewusste, präsente Hinschauen, auch von Freunden und Partnern. Sehr oft ist das der Schlüssel, der zur Auflösung führt.

Wenn wir den Eindruck haben, dass uns etwas Äusseres plagt, etwas, das uns sogar vorsätzlich plagt, dann ist der grösste Befreiungsschlag, den ich kenne, die folgende Massnahme:

- Wir richten unsere volle Präsenz auf das, was uns plagt.
- Egal, wie schmerzhaft es ist, wir sagen: «*Ist das alles? Ist das wirklich alles? Das kann es doch nicht sein, das ist lächerlich!*» «*Zeig, was Du kannst, Du beeindruckst mich nicht im Geringsten. Was Du da veranstaltest, ist im besten Fall langweilig.*». Und wenn es ein Monster ist: «*Du stinkst. Du solltest Dir die Zähne wieder einmal putzen. Hast Du keinen Anstand gelernt?*»

Wechselübung

Ich erinnere mich an eine Situation, in welcher mich meine damalige Freundin Karin in höchsten Schmerzen empfangen hat.

Karin konnte sich nur gebückt bewegen, jede Bewegung hat sie mit heftigem Schmerz erfüllt. Stehen war genauso schmerzhaft, wie sitzen, wie liegen. Sie war völlig verzweifelt, ihre Kinder wollten Abendessen, sie war berufstätig und doch ausserstande, auch nur das Geringste zu tun.

Karin hatte Menstruationsschmerzen. Und ich als Mann – von Menstruationsschmerzen keine Ahnung.

Ich habe es trotzdem gewagt und mit ihr die Wechselübung gemacht.

Die Wechselübung ist ganz einfach, ein bisschen wie die einfachste Form von Sex: Raus, Rein, Raus, Rein, bis zum Happy End.

Und das geht so:

1) **Rein:** Ich habe sie gebeten, Sich ganz auf den Schmerz zu fokussieren, mir diesen zu beschreiben, seine Grösse, seine Ausdehnung, seine Farbe, so sinnlich (mit vielen Sinnen), wie möglich, so genau wie es geht. Wenn ich wahrgenommen habe, dass sie mit ihrer ganzen Aufmerksamkeit beim Schmerz war, habe ich sie gestoppt.
2) **Raus**: Ich habe sie gebeten, sich etwas ganz anderes im Raum zu suchen. Eine Lampe, eine Pfanne, eine Tasse. Irgendetwas Greifbares, Konkretes, Reales.

Wenn Sie benannt hat, was sie gewählt hat, habe ich sie gebeten, dieses Objekt in allen Details zu beschreiben, keine Annahmen, keine Fiktion, sondern: Substanz, Farbe, Klang, Gewicht, Oberfläche, Konsistenz, Material. So genau, wie sie nur konnte.
Wenn ich gemerkt habe, dass sie mit ihrer ganzen Aufmerksamkeit beim Objekt war, dann habe ich sie wieder gebeten, ganz in den Schmerz zu gehen, also wieder zu Punkt 1 zu gehen.

Irgendwann, besser gesagt irgendbald, nach ca. 4-5 kurzen Durchgängen gelang ihr das «Rein» nicht mehr. Sie konnte den Schmerz nicht mehr lokalisieren. Da war nichts mehr.

Ich weiss nicht, wer mehr verwundert war, sie oder ich.

Sie war vor Allem müde, also haben wir die gemeinsame Zeit an diesem Abend früh beendet.

Mutabor

Eine Variation der Wechselübung ist Mutabor.

Mutabor ist das Zauberwort für «*Verändere Dich*».

Bei dieser Übung ist es gut, einen Coach zu haben. Meine Anweisungen richten sich an den Coach.

Mutabor ist ähnlich wie die Wechselübung, wobei der Fokus auf den Schmerz ersetzt, wird mit «Schmerz grösser machen» und der Fokus auf etwas ganz anderes ersetzt wird mit «Schmerz kleiner machen».

Wenn wir Schmerzen haben, dann wehren wir uns gegen eine Anweisung, die impliziert, dass wir mächtiger sind als der Schmerz, oder die uns anweist, den Schmerz kleiner zu machen. Beides wäre eine Beleidigung. Wenn das ginge, hätte ich das schon längst gemacht.

«Ich habe schon Schmerzen, auf Ehrverletzung verzichte ich.»

Konkret geht Mutabor so:

1) Der Coach bittet den Patienten, sich seines Schmerzes ganz gewahr zu werden, seine Oberfläche, Konsistenz, Farbe, Gewicht, Position und Ausdehnung so genau zu beschreiben, wie möglich.
2) Der Coach bittet den Patienten, den Schmerz grösser zu machen, oder breiter, oder länger.
3) Der Coach bittet den Patienten, den Schmerz wieder kleiner werden zu lassen
4) Der Coach bitten den Patienten der Schmerz härter, kleiner, beissender zu machen.

5) Der Coach bittet den Patienten, den Schmerz wieder auf seine alte Grösse und Ausdehnung zu bringen.
6) Der Coach bittet den Patienten, Stück für Stück den Schmerz kleiner zu machen, Löcher in diesen Schmerzkörper zu machen, ihn leichter zu machen. (Hier ist nicht der Schmerzkörper gemeint, den z.B. Eckard Tolle bezeichnet, sondern den Bereich des identifizierten Schmerzes).

Deiner Phantasie sind keine Grenzen gesetzt. Mach die Anweisungen langsam und mit einfachen Sätzen und Wörtern, so dass Dich auch ein kleines Kind verstehen würde. Es geht nicht um Originalität, sondern darum, dass unser Patient merkt, dass er mächtiger ist, als der Schmerz.

Ich habe Dich gehört.

Sandro hat viel Zeit im peruanischen Wald verbracht. Dort gibt es Insekten in allen Farben und Grössen, manche beissen, die anderen stechen, die anderen nerven nur und lassen einen nicht schlafen und wiederum andere übertragen Krankheiten.

Man kann sich von diesen jegliche Zentriertheit und Ruhe stehlen lassen, von den Tieren selbst, ihren Stichen und Bissen, von den Irritationen am Körper, und wem das noch nicht reicht, von der Phantasie, was dies alles bewirken kann.

Sandro hat es besser gemacht: Er hat seinem Körper, wenn dieser gebissen und gejuckt hat, gesagt: *«Ich habe Dich gehört, ich übernehme die Verantwortung.»*. Wenn die Irritation dann nicht aufhört, sagt er das noch einmal, nach dem dritten Mal, spätestens, hört das Jucken auf und es tritt Ruhe ein.

Sandro hat einen jungen Jagdhund, der ein sehr sensibles Gehör hat. Wenn dieser junge Jagdhund angibt, weil er weit entfernt etwas gehört oder gerochen hat, dann bellt der. Wenn Sandro ihm klar macht, dass er den jungen Jagdhund gehört hat, und jetzt in Verantwortung ist, für den Störfaktor, dann entspannt sich dieser wieder.

Er hat seine Verantwortung wahrgenommen und an Sandro übergeben.

Damit ist seine Aufmerksamkeit wieder frei.

Genauso können wir es mit unserem Körper machen.

Ehren und dann fortschicken

Ein Spezialfall von Schmerzen sind Besetzungen. Ich gehe davon aus, dass wir heute, fast alle, von mehr oder weniger aufsässigen Wesen besetzt sind.

Manche dieser Wesen sind in einem Moment, als wir nicht ganz in unserer Mitte waren in uns hineingeschlüpft. Andere haben wir uns beim Sex aufgelesen. Wieder andere sind beim Fernsehen in einer Horrorszene auf uns übergesprungen, wieder andere sind schon viele Leben bei uns, wir wissen dann oft nicht mehr, wer wir ohne diese sind. Mit manchen haben wir Verträge geschlossen, andere haben das Recht des Schlaueren, Schnelleren oder Stärkeren genutzt. Allen ist gemeinsam: Sie gehören nicht zu uns.

Wer einen solchen Parasiten oder Mitesser hat, gutmütig oder nicht, ist gut beraten, diesen wegzuschicken.

Wenn wir von irgendwo weggeschickt werden, ist das oft ein demütigender Akt, insbesondere, wenn wir als Störer definiert werden, vor anderen gedemütigt werden oder als nicht passend hingestellt werden. Scham ist neben Schmerz eines der schwierigeren Gefühle.

Das ändert sich, wenn wir geehrt werden für unseren bisherigen Beitrag, für unsere Fähigkeit einzudringen, für's klar machen, dass das Türschloss oder die Absperrung, das Hinweisschild defekt sind oder fehlen, wenn wir für unsere Fähigkeiten geehrt und in Würden entlassen werden. Das machts viel einfacher.

Genauso ist es mit solchen Wesen – die konnten vielleicht ihre Süchte über uns stillen, ihrer Neugierde Folge leisten, sie konnten die Erfahrung eines Körper länger, wieder oder überhaupt einmal machen, sie wurden von uns eingeladen oder nicht. Aber jede Einladung geht irgendwann zu Ende, jede Party ist irgendwann aus.

Das Einfachste ist, solche Wesen zu ehren für ihren Beitrag, der auch konstruktiver Natur gewesen sein kann, sie zu ehren für ihre Fähigkeit reinzuschleichen, ohne dass wir es gemerkt haben, für ihre Fähigkeit, uns zu täuschen und uns ein schlechtes Gewissen zu machen, wenn wir sie wegschicken, für all die Geschenke, egal welcher Art, von denen wir lernen und uns weiterentwickeln können.
Danach braucht es meist einen sehr klaren Befehl: *«Ich danke Dir für Deinen Beitrag und die Zeit mit Dir. Ich gebiete Dir kraft meines Schöpferselbst, meinen Körper und mein Wesen* ***jetzt*** *zu verlassen. Ich erlaube Dir nicht zurückzukehren und wünsche Dir gute Reise.»*

Auch hier gilt: Wenn das für Dich ausserhalb des Territoriums ist, in dem Du denkst, fühlst und durchs Leben navigierst: Dann lade ich Dich ein, das einfach zur Kenntnis zu nehmen.

Wenn es für Dich von Belang ist, dann wird es Dir zu gegebener Zeit in den Sinn kommen, und wenn nicht, dann verstehst Du ein bisschen mehr von den Möglichkeiten in diesem unendlichen Universum.

You can't heal, what You can't feel.

Krish und Amana waren mir für ein paar Jahre gute Lehrer in der Heilung und Bewusstwerdung von Koabhängigkeit.

Krish hatte einen Leitsatz: «*You can't heal, what You can't feel*".

Das heisst auf Deutsch: «*Wir können etwas nicht heilen, wenn wir es nicht spüren*».

Daraus folgt, dass wir mit einer Verletzung in Kontakt gehen müssen, um diese zu heilen, alles andere ist Theorie.

Diese Erkenntnis ist ein schöner Wegweiser für alle, die im Augenblick gerade Schmerz spüren: Nur in genau diesem Zustand kann dies geheilt werden. Wenn wir zum Arzt gehen und keinen Schmerz spüren, ist der Arzt genauso hilflos, wie der Informatik-Ingenieur, der den Fehler beim Kunden beheben soll, während sich dieser nicht mehr nachvollziehen lässt.

Fragen

Im Westen werden wir in der Schule darauf getrimmt, auf Fragen die richtigen Antworten zu geben – nicht aus unserer Wahrheit, sondern richtig und immer öfter politisch richtig nacherzählt.

Aus dem Osten kennen wir noch eine zweite Art, mit Fragen umzugehen: **Den Koan**.

Ein Koan ist eine Frage, auf die es keine konkrete Antwort gibt, sondern, die einen Weg eröffnet.

Ein Beispiel für einen Koan ist: *«Wie klingt das Klatschen mit einer Hand?»*

Diese Frage beschäftigt und verwirrt den Geist und führt in die Stille.

Fragen ist eine der magischsten Massnahmen, um Dinge zu ergründen. Dabei muss die Frage nicht laut gestellt werden, die Frage wird zu einer Leitfrage: *«Ich frage mich, wie mein Körper wieder in den Frieden kommen kann»*. Oder ich frage Menschen, von denen ich denke, sie könnten es wissen. Damit stelle ich die Frage laut. Nicht mit der Forderung, von einem von diesen Menschen die Lösung zu erhalten, sondern indem ich ihre Antworten wie Fragmente sammle und prüfe, was in mir Resonanz macht, was mich berührt, bei welcher Antwort ich Freude spüre.

Und im Wissen, dass Fragen früher oder später beantwortet werden – oft von ganz anderer Seite, als ich sie gestellt habe.

Dazu kenne ich eine Ausnahme: Wenn die Frage falsch gestellt ist, dann kommt keine Antwort.

Dieser Prozess ist insofern mit dem Gesetz der Anziehung nah verwandt, als ich die Frage stelle, und danach deren Erfüllung oder Beantwortung auch sofort loslasse – da ist zwar eine Absicht drin, aber kein Effort. Die Absicht gibt die Richtung vor – der Effort würde eng machen – und genau das gilt es zu vermeiden.

Gnade

Flow und Aufwachen haben vieles gemeinsam: Das Gefühl der Verbundenheit, ein Glücksgefühl, der Verlust des sonst üblichen Zeitgefühls, um nur ein paar zu nennen.

Was den beiden auch gemeinsam ist: Man kann alle Rahmenbedingungen dazu schaffen, aber man kann diese Zustände nicht erzwingen. Wenn alle Rahmenbedingungen erfüllt sind, können diese eintreten.

Wenn wir für unsere Heilung alles getan haben, in alle Richtungen, auch nach Innen gefragt haben, die Antworten geprüft haben, dann gibt es einen Zeitpunkt, an dem wir nichts mehr tun können.

Von aussen betrachtet mag das Aussehen, wie ein Aufgeben.

Aber je nach Haltung ist es ein Hingeben. Ein Loslassen, ein Aussteigen aus dem Kampf, ein Übergeben des Zustandes an das Grössere.

Wenn wir vorher verstanden haben, dass wir es wert sind, gesund zu sein, dann kann genau dieser Zustand der Hingabe die Heilung bewirken, ohne Zeitverzug. Oder auch erst viel später – das liegt nicht in unserer Hand.

> Denn wenn ihr den Menschen
> ihre Verfehlungen vergebt, so wird euch
> euer himmlischer Vater auch vergeben.
> **Matthäus 6:14**

Aus dem Recht, zurückgehend bis auf mindestens die Bibel, meines Erachtens jedoch viel älter, kennen wir die Voraussetzung dafür, Gnade zu empfangen, nämlich, dass wir auch gnädig waren.

Aus meiner Sicht ist das nur scheinbar ein äusserer Einfluss, ich halte den inneren Einfluss, dass wir selber wissen, dass wir mit anderen gnädig waren, und uns deshalb diese Gnade auch gegönnt wird, für matchentscheidend.

Erlaubnis geben: Du darfst

Wir haben über unsere Konditionierung viele Verhaltensregeln eingeprägt bekommen – manche sind uns bewusst, viele davon wirken unbewusst.

Einer der kleinsten Bewusstseins-Schalter, die ich je gefunden habe, und gleichzeitig einer der mächtigsten ist die Erlaubnis.

Wir können visualisieren und fokussieren, bis wir schwarz werden. Wenn wir einen Glaubenssatz haben, dass wir ***nicht erfolgreich sein dürfen, Scherz erleiden müssen, aus Solidarität wie unsere Ahnen, lebenden oder verlorenen Geschwister leiden müssen,*** dann nützt alle Anstrengung nichts. Der Raum hinter der Tür wird zwar gestaltet, aber wir erlauben uns nicht, die Tür zu öffnen.

Wenn man sich diese Erlaubnis gibt, dann kann ganz vieles sich in Kürze auflösen und integrieren.

Die kleinen Kästchen vor der jeweiligen Erlaubnis stehen da, damit Du sie abhaken kannst, wenn Du willst.

Du kannst Dir die Erlaubnis geben,

□ dass Deine Erlaubnis und Dein Wille das Einzige ist, was es braucht, um Verbote, Verträge und alle vertragsähnlichen Konstrukte mit Dritten zu kündigen.

  Verträge sind ungültig, wenn sie nicht wissentlich, willentlich und freiwillig abgeschlossen wurden.

  Verträge basieren fast immer auf Mangel. Und wo Mangel vorgegaukelt wurde, war Täuschung im Spiel.

□ es **einfach** haben zu dürfen, (also nicht kompliziert)

□ im Wohlstand ohne Schuld und ohne Scham leben zu dürfen,

□ glücklich sein zu dürfen,

□ es besser als Deine Ahnen haben zu dürfen,

□ Freude haben zu dürfen,

□ es nicht hart haben zu müssen,

□ lernen zu dürfen, ohne zu leiden,

□ wachsen zu dürfen ohne Schmerz zu leiden,

□ ohne Begründung loslassen zu dürfen,

□ ohne Drama beziehen zu dürfen,

□ ohne Schmerz arbeiten zu dürfen,

□ zu **fühlen**, ohne dass Du Schmerz leiden musst,

□ zu wissen und zu erkennen, ohne dafür büssen zu müssen,

□ dich abgrenzen, ohne zu verlassen zu werden, bzw. gehen zu müssen.

□ gehen zu dürfen, dann, wenn Du es für richtig hältst und ohne eine Erklärung oder Rechtfertigung geben zu müssen,

□ (D)eine Grenze ziehen und in liebevoller Klarheit halten zu dürfen,

□ die Grenze flexibel und angemessen halten zu dürfen,

□ ohne Schuld, deinem Herz folgend, andere allein-lassen zu dürfen,

□ anderen ihr Schicksal zumuten zu dürfen,
(woraus ihnen Würde und Grösse erwachsen kann)

□ entspannen zu dürfen,

□ Dich hingeben zu dürfen,

□ schwach sein zu dürfen,

□ ohnmächtig sein zu dürfen,

□ mächtig sein zu dürfen,

□ nicht wissen zu dürfen,

□ wissen zu dürfen,

□ keinen Plan haben zu dürfen,

□ einen Plan haben zu dürfen,

□ verpeilt sein zu dürfen,

□ wankelmütig sein zu dürfen,

□ nicht können zu dürfen,

□ zu spät kommen zu dürfen,

□ zu früh kommen zu dürfen, auf jede Art und auch als Mann

□ planlos verspielt sein zu dürfen,

□ niemanden befriedigen zu müssen (Arbeitgeber, Lehrer, Vorgesetzte, Mitarbeiter, Partner, beim Sex, Kinder, Nachbarn,

Eltern, Deine Ahnen, die Kirche, Gesellschaft, irgendwelche Konzepte und Leitsätze, Statistiken, irgendwelche Ämter...)

□ dich befriedigen zu dürfen, ohne Begründung, ohne Leistung davor («zuerst die Arbeit und dann das Vergnügen» - tut Dir das gut?)

□ nach Deiner Lust und Freude suchen und diese finden zu dürfen,

□ nicht zu leisten, nichts zu leisten,

□ nicht immer zu leisten,

□ nicht ohne Freude leisten zu müssen,

□ nicht schön sein zu müssen,

□ nicht sexy, attraktiv, oder ansehnlich zu sein – egal zu welcher Tageszeit.

□ nicht intelligent sein zu müssen,

□ nicht schnell sein zu müssen,

□ nicht effizient sein zu müssen,

□ «unbrauchbar» für andere zu sein,

□ der oder die schlechteste zu sein, was auch immer das ist,

□ nicht der oder die Beste sein zu müssen,

□ andere enttäuschen zu dürfen (dann verschwindet die Täuschung – je früher, desto besser)

□ Deine Grösse leben zu dürfen,

□ um Hilfe bitten zu dürfen,

□ Hilfe erhalten zu dürfen,

□ beim andern in Würde seine Bürde zu lassen,

□ dem anderen auch schmerzhafte Erfahrungen zumuten zu dürfen,

□ Dich den anderen zumuten zu dürfen.

□ ganz Deinen Weg zu gehen,

□ Mitgefühl haben zu dürfen, ohne mitzuleiden,

□ Aufmerksamkeit erhalten dürfen, ohne bemitleidenswert zu wirken,

□ gesehen, geliebt und bewundert werden zu dürfen, ohne Dich anstrengen oder verbiegen zu müssen,

□ genau **Deinen** Weg gehen zu dürfen,

□ unpünktlich sein zu dürfen,

□ nicht tapfer sein zu müssen,

□ deinen Schmerz zu fühlen und zu zeigen,

□ unvorbereitet sein zu dürfen (spontan)

□ bedürftig sein zu dürfen

□ jammern zu dürfen,

□ Deinen Schmerz zeigen zu dürfen

□ Deine Sehnsucht zeigen zu dürfen

□ männlich sein zu dürfen,

□ nicht männlich sein zu müssen,

□ weiblich sein zu dürfen,

□ nicht weiblich sein zu müssen,

□ genau Dich selbst sein zu dürfen,

□ gar nichts, gar nie sein zu müssen,

□ niemandem, nie, nichts sagen zu müssen,

(ausser als Zeuge in einem Kapitalverbrechen)

□ niemandem, nichts beweisen zu müssen,

□ die Definition der Worte und Bedeutungen Deines Ausdrucks, Deiner Texte und Deiner Worte selbst zu definieren,

□ Dich vor niemandem, ausser vor dem Schöpfer rechtfertigen zu müssen,

□ dass man Dir immer das Beste unterstellen darf, Du Dir auch.

□ langsam zu sein,

□ bedürftig zu sein,

□ kalt zu sein,

□ eifersüchtig zu sein,

□ sticky oder klebrig sein (anhänglich).

Viel interessanter ist die Frage: «*Warum?*», welche uns die Verletzung erkennbar macht. Verletzungen werden mit Güte und Verständnis geheilt, nicht mit Verboten.

□ ein Ego zu haben oder zu sein, (Die vedische Astrologie ist für mich diejenige Quelle, welche in diesem Aspekt am Meisten Heilung und Klarheit geben kann)

□ gierig zu sein,

□ im Mangel zu sein (spirituelle Todsünde 😉 – wer will das uns vorwerfen, wenn wir mindestens 6000 Jahre von Geschichte, Erde, Vorleben, Wissen, Weisheit, Erkenntnis und vielem mehr abgeschnitten wurden?

Auch hier scheint mir die Erkenntnis der Ursache und das Mitgefühl mit dem, was uns wiederfahren ist, viel heilsamer zu sein).

□ kontrollierend oder bossy zu sein (unsicher, enttäuscht worden zu sein?)

Diese Liste ist nicht vollständig, ich lade Dich ein, sie ***für Dich*** vollständig zu machen, dafür ist die Folgeseite gedacht.

Erfahrungsgemäss beginnt unser Hirn in diese Richtung zu suchen, wenn wir uns die Liste ein paar Tage hintereinander anschauen, und insbesondere die Frage in die Nacht und in den Tag mitnehmen, was wir uns sonst noch alles verbieten.

In diesem Sinne ist das eine Einladung, Dein Wesen zu erforschen.

Eine sehr versöhnliche Massnahme zu diesen vielen «Du darfst», die uns danach Frieden mit der Eigenschaft schliessen lässt, ist *deren Vorteile zu suchen.* Wenn sie ebenbürtig neben ihrem Gegensatz, oder ihren Gegensätzen stehen dürfen, dann erregen sie nicht mehr unsere und fremde Aufmerksamkeit wie ein Eifelturm in der Wüste.

Hier kannst Du auflisten, was Du Dir selbst erlaubst:

- ☐ ______________________________
- ☐ ______________________________
- ☐ ______________________________
- ☐ ______________________________
- ☐ ______________________________
- ☐ ______________________________
- ☐ ______________________________
- ☐ ______________________________
- ☐ ______________________________

Manche Sätze scheinen ähnlich oder redundant zu sein. Diese Verbote, die wir uns geben, sind oft direkt an Worte gebunden. Wenn Du also etwas an Dir wahrnimmst, dann spiele auch mit Worten, gebrauche ähnliche Worte oder Synonyme – die Entspannung oder die Trauer ist üblicherweise sofort wahrnehmbar.

Du darfst. Du bist Chef.

Jim Carrey hat das in seiner Rede «*Speech, that no one wants to hear*" (die niemand hören will) wundervoll auf den Punkt gebracht: Depression ist das Abwerfen von Pression – also Druck, dem Druck, die Erwartungen der Andern abwerfen zu dürfen, weil sie zu schwer sind, weil wir uns selbst sein wollen.

Link: youtu.be/jB2nWAAuXpA

Diese Anpassung bedingt unglaublich viel innere Anstrengung – die uns fehlt, wenn wir uns spüren wollen, unsere Kraft entwickeln wollen, unsere Grenze dynamisch und zeitnah ziehen wollen.

Dranbleiben bis zum Schluss

Du hast jetzt eine beträchtliche Sammlung von schmerzlösenden Massnahmen gefunden. Nicht jede wird für EHS oder Deine wie auch immer gearteten Schmerzen funktionieren.

Für manche wirst Du einen Coach benötigen, andere kannst Du allein für Dich testen.

Ich habe früher manchmal für einzelne schmerzhafte Aspekte meines Lebens viele verschiedenen Massnahmen ausprobiert: Kügelchen, Affirmationen, Körperarbeit, Familienstellen, reinatmen und vieles mehr.

Irgendwann hat sich mein Anliegen aufgelöst. Wenn ich viele Massnahmen eingesetzt habe, wusste ich jedoch nie, welche gewirkt hat, insbesondere, da viele Massnahmen zeitverzögert wirken. Das war anfangs frustrierend – als Ingenieur kenne ich gern Ursache und Wirkung.

Ich hatte mich früh entschieden meine Heilprozesse zu verstehen, weil ich diese Prozesse nur so weitergeben konnte – also wollte ich umso mehr verstehen, welches Werkzeug bei welchem Schmerz Heilung verschaffen kann.

Eine der grossen Erkenntnisse in dieser Frage war die Erkenntnis, dass mir meine Entschiedenheit geholfen hat, an meiner Heilung so lange zu arbeiten, bis diese vollbracht ist und nicht aufzugeben.

Perseverance und Determination heissen die Begriffe in Englisch: Entschiedenes Dranbleiben, bis zum Schluss.

Ein Aspekt dieses Dranbleibens bis zum Schluss ist auch das Ausprobieren. Der kleine Zauberlehrling, home alone, allein in der

Zauberwerkstatt, nimmt jedes Werkzeug in die Hand, bis er das passende gefunden hat.

Diesen Geist wünsch ich Dir.

Er erscheint mir als ***das, was die Wirkung sicher vollbringen kann.***

Oder Gnade. Aber die liegt nicht in unserer Hand.

(Wir können zwar den Raum für die Gnade öffnen, und darum bitten, aber Gnade wird uns gewährt, ist für uns ein passiver Akt!)

Je verlorener Du bist mit Deinem Schmerz, Dich niemand verstehen kann, Ärzte Dich zum Psychiater schicken, und diese Dich nur ruhig stellen wollen, je mehr und intensiver Du an Deiner Heilung und Befreiung gearbeitet hast, desto viel fähiger wirst Du nach Deiner Heilung sein, andere Menschen zu begleiten, Dein Mitgefühl wird wachsen, Deine Fähigkeiten sich auffächern und Du wirst im Rückblick merken, dass Du Dir eine breite Palette an Werkzeugen angeeignet hast, die nicht nur Dich befreit haben, sondern vielen andern diese Befreiung auch ermöglichen können.

Der, der den Weg selbst gegangen ist, hat die grösste Glaubwürdigkeit überhaupt.

Anastasia wird gefragt, wie es uns gelingen kann, die Gesellschaft, in der kritischen Phase in der sie jetzt ist, davor zu bewahren, sich selbst einmal mehr selbst zu zerstören. Sie sagt dazu, dass sich die Lehrer ändern müssen, und genauer:

«Es wäre gut, wenn viele Menschen zu einer bestimmten Zeit erwachten — sagen wir, um sechs Uhr morgens. Und wenn sie an etwas Gutes denken, ganz gleich, was es ist. Hauptsache, die Gedanken sind positiv. Man kann an seine Kinder denken, an alle, die man lieb hat, und daran, was man tun kann, dass es ihnen allen gut geht. Wenigstens fünfzehn Minuten sollte man so denken. Je mehr Leute dies tun, desto schneller kommt die Antwort. Die Zeit auf der Erde ist wegen der Erdrotation in Zonen unterteilt, aber die von der Gedankenkraft der Menschen erschaffenen Bilder werden zu einem einheitlichen, lichten und ausdrucksvollen Bewusstseinsbild verschmelzen. Das gleichzeitige Denken an etwas Lichtes verstärkt die Fähigkeiten des Einzelnen um ein Vielfaches.»

Quelle: Anastasia, Buch 2, deutsche Ausgabe, Seite 58

Teil 4 – Bruno Gröning

Ein Gastartikel von Armin Risi (1999/2017) über Bruno Gröning:
Geistheilung als Schlüssel zur globalen Heilung

Jenseits der Schlagzeilen der Welt geschieht viel Wundervolles, und je mehr sich die Menschen dessen bewusst werden, desto mehr kann Heilung auch weltweit geschehen. So wie bei Bruno Gröning und anderen Geistheilern Gelähmte plötzlich aus dem Rollstuhl aufstehen konnten, so ist es auch möglich, dass die Menschheit kollektiv aus der „Lähmung" und „Hypnose" erwacht und aufsteht. Das Thema des folgenden Berichts ist historisch und zeitlos zugleich ... und kann gerade mit seiner Brisanz unseren Glauben an das Gute und die globale Heilung stärken und inspirieren.

Viele bedrohliche Prophezeiungen stehen im Raum, und die gegenwärtigen Entwicklungen in der Weltpolitik, Hochfinanz usw. laufen auf eine globale Eskalation hinaus – wenn kein Wunder geschieht. Und Wunder sind möglich, wie das Phänomen der Geistheilung zeigt: Krankheiten verschwinden, Blinde können sehen, Gelähmte können wieder gehen! Ebenso kann auch die Menschheit als Gesamtes „unverhofft" Heilung erfahren und wieder erkennen, was uns wirklich hilft.
„Selig sind die, die nicht sehen und doch glauben", sagte Jesus zum zweifelnden Apostel Thomas (Joh 20,29). In Anlehnung an dieses Jesus-Wort können wir heute sagen: *„Selig sind die, die sehen und wenigstens dann glauben!"* Denn in den letzten zweitausend Jahren sind zahlreiche Menschen aufgetreten, die mit ihren Fähigkeiten zeigten, dass der Geist über der Materie steht. Das wohl eindrücklichste Beispiel für Geistheilung in der Neuzeit ereignete sich in Deutschland durch Bruno Gröning (1906–1959).

Die Reporter, die 1949 anfänglich wahrheitsgetreu berichteten, sprachen von „biblischen Szenen" und bezeugten die Wunderheilungen. Doch es dauerte nicht lange, bis eine Medienhetze gegen Gröning begann. Die entsprechenden Negativdarstellungen und Lügen werden bis heute von Kritikern und „Sektenberatern" vielfach wiederholt und aufgestockt, und positive Fakten werden verschwiegen oder verdreht.

Wer an einer wahrheitsgemäßen Darstellung interessiert ist, kann leicht die historischen Berichte und Zeitzeugenaussagen finden. Wer sich zum ersten Mal mit dem Phänomen Gröning befasst, wird sogar staunen, wie viele Publikationen und Dokumentationen vorliegen.
Gleichzeitig werden sich viele auch fragen: „Warum habe ich davon noch nie etwas gehört?" – Das Folgende ist eine wahrheitsgetreue Darstellung und Würdigung Bruno Grönings und seines Wirkens. Dazu gehört auch die Erfüllung seiner Voraussage, dass das von ihm ins Leben gerufene geistige Werk in den Jahrzehnten nach seinem Tod um die ganze Welt gehen wird.

Gröning 1949

Vier Jahre nach dem Ende des Zweiten Weltkriegs trat in Deutschland ein einfacher Arbeiter auf, der durch seine Wunderheilungen über Nacht in die Schlagzeilen der Presse und ins Kreuzfeuer der Behörden geriet. Es war die triste Zeit nach dem Krieg.
Deutschland war am Boden zerstört. Die Bevölkerung war dezimiert und traumatisiert, und viele hatten kaum das Nötigste zum Überleben. Da erfuhren die Ärmsten – die Kriegsversehrten, die Kranken, die Hoffnungslosen und Mittellosen –, dass es Hoffnung gebe: Ein gewisser Bruno Gröning sei als Wunderheiler öffentlich tätig geworden und sei für alle Menschen da, ohne Geld zu verlangen und ohne die Notwendigkeit irgendwelcher Formalitäten.

Zu Tausenden und Zehntausenden strömten Menschen zu Bruno Gröning und wurden Zeugen von dem, was sie durch die Zeitungen oder die mündliche Kunde gehört hatten: Wunder geschehen, spontane Heilungen vor Ort, „Massenheilungen" und Fernheilungen. – Wer war dieser Mann, der scheinbar aus dem Nichts auftauchte und größte Kontroversen auslöste?

Biographisches

Bruno Gröning war das vierte von sieben Kindern einer Arbeiterfamilie aus Danzig, der damaligen Hauptstadt Westpreußens. Bereits als Kind fiel er durch seine Heilfähigkeiten und seine besonderen Eigenschaften auf. (Sein Vater, seine Geschwister und andere, die Bruno Gröning damals kannten oder ihm begegnet waren, bezeugten dies später der Öffentlichkeit und den Behörden gegenüber.) Während des Ersten Weltkriegs besuchte der rund zehnjährige Bruno oft die örtlichen Lazarette und brachte für viele Verletzte Linderung und Heilung.

Nach fünf Jahren Volksschule begann er eine kaufmännische Lehre, doch sein Vater, ein Maurer, wollte, dass Bruno ebenfalls einen Handwerkerberuf erlernte. So machte er eine Lehre als Zimmermann, aber die wirtschaftlichen Wirren nach dem Ersten Weltkrieg zwangen ihn zu vielerlei Gelegenheitsarbeiten. 1928 heiratete er. 1943 wurde Bruno Gröning in die deutsche Wehrmacht eingezogen. Weil er sagte, er werde nicht auf Menschen schießen, wurde ihm mit dem Kriegsgericht gedroht, und man sandte ihn an die russische Front. Dort erlebte er die Schrecken des Krieges, wurde selbst zweimal verwundet und half im Lazarett vielen Kameraden. Im März 1945 geriet er in russische Kriegsgefangenschaft. Dank seines Wirkens auch den Russen gegenüber wurden er und seine Abteilung bereits Ende 1945 freigelassen.
Gröning kam als Heimatvertriebener nach Westdeutschland und konnte dort seine Familie ausfindig machen. Obwohl er selbst praktisch mittellos war, setzte er sich im freiwilligen Hilfsdienst für die Vertriebenen ein und bewirkte bei vielen Hilfesuchenden Heilungen.

Plötzlich im Rampenlicht

Grönings unauffälliges Helfen setzte sich in kleinen Kreisen fort, bis er im März 1949 im westfälischen Städtchen Herford den neunjährigen Sohn des Ingenieurs Helmut Hülsmann von Muskel-

schwund heilte. Die Ärzte waren dieser Erkrankung machtlos gegenübergestanden. Helmut Hülsmann veröffentlichte am 18. März 1949 einen ausführlichen Bericht für die Presse:
„Mein Sohn Dieter ist neuneinhalb Jahre alt und leidet an einer progressiven Muskeldystrophie. [...] Hilfe bzw. Behandlung auf Heilung wurde mir weder von dort [von der Kinderklinik] noch von weiteren zehn befragten Professoren und Ärzten in Aussicht gestellt. Der Verfall des Kindes nahm beängstigende Formen an. Dieter ist seit zehn Wochen fest bettlägerig. Er kann weder stehen noch gehen. Selbst beim Versuch zu stehen knickt er im Kreuz wie ein Taschenmesser zusammen, da er gar keinen Halt mehr verspürt. Die Beine und Füße sind immer eiskalt und vollkommen gefühllos, da keine Durchblutung, trotz zweimaliger Massage pro Woche, stattfindet.

Am Nachmittag des 15. März 1949 führte nun eine uns befreundete Dame Herrn Gröning bei uns ein, da ihr der Krankheitsfall unseres Sohnes Dieter hinreichend bekannt war. Stärkstens beeindruckt durch den Fall ihrer Schwester, die fünf Jahre hindurch gelähmt nur im Rollstuhl bzw. im Bett liegend ihr Dasein fristete und durch Herrn Gröning geheilt wurde, war sie überzeugt, daß auch meinem Sohn geholfen werden könne. [...] Nach der Einwirkung durch Herrn Gröning setzte sofort die Durchblutung der Beine von den Oberschenkeln an beginnend ein. Mein Sohn zeigte genau den ruckweise vordringenden Blutstrom an, der sich nun wieder den Weg durch die verengten Adern bahnte. Danach hatte mein Sohn vollkommen warme Beine und Füße."
Helmut Hülsmann war derart dankbar, dass er Bruno Grönings Heilkraft möglichst vielen Menschen zukommen lassen wollte, und stellte ihm sein Haus zur Verfügung. Durch seinen Pressebericht kam eine neue Dimension in Bruno Grönings Wirken: Er wurde nicht mehr nur zu den Menschen gerufen, die Menschen kamen zu ihm – und das gleich zu Tausenden!

In Herford bot sich während Wochen ein erschütterndes Bild. Bis zu fünftausend Menschen – Kranke, Blinde, Invalide, vom Krieg traumatisierte Frauen und Männer und andere Notleidende – lagerten gleichzeitig auf dem Wilhelmsplatz vor dem Hülsmann-Haus und sahen in Bruno Gröning ihre letzte Hoffnung. Trotz dieser Ansammlung von Menschen kam es zu keinen Tumulten. Es herrschten Ruhe und Zuversicht unter den Menschen und eine spontane, allseitige Hilfsbereitschaft.

Ein Strom von Hilfesuchenden wurde zu Bruno Gröning vorgelassen. Manchmal begab er sich auch direkt in die Menge der Menschen und ging dort von Mensch zu Mensch, und in gewissen Momenten sprach er vom Balkon des Hülsmann-Hauses zu den Versammelten. Oft kam es vor, dass Bruno Gröning für mehrere Tage kaum schlief und kaum aß.
Überall, wo Bruno Gröning hinkam, erlebten Notleidende wundersame Hilfen und Heilungen. Die Geheilten sowie alle Anwesenden fühlten Wellen des Glücks, der Dankbarkeit und der neuen Lebensfreude. Ein Journalist schrieb als Augenzeuge von Herford:
„Für uns, die wir bei ihm waren, und die vielen, die es mit ansehen konnten, war es [Grönings Wirken in der Menge] ein Zug des Wunders, der Siegeszug einer nicht kriegerischen, sondern versöhnlichen und helfenden Macht [...] Es war, als teilte sich ein Meer vor ihm, so ging er durch die sich um die Autos stauende Menge hindurch. Von Wagen zu Wagen, dort ein paar Worte wechselnd, hier ein Händedruck und dann einige Fragen, die Bitte, über das weitere Befinden zu berichten und wiederzukommen – und neben ihm und nach ihm, wo die Flut zusammenschlug, standen Menschen aus ihren Stühlen [Rollstühlen] auf, nahm er Lahmen die Gehstöcke weg und warf sie beiseite. Keiner konnte sich der Gewalt dieses Erlebnisses entziehen. Es war, als ob sich ein Getreidefeld nach dem Sturm mit neu gewonnener Kraft wieder aufrichtete.

Bei Kindern wurden gelähmte Glieder, die unter ständigem Kältedruck standen, wieder warm. Bruno Gröning stieg von einem LKW auf den anderen hinauf, ging von Mensch zu Mensch, die auf Stroh und Matratzen gebettet waren. Sie richteten sich auf und fühlten neue Kräfte. In einem der LKWs, für alle Umstehenden sichtbar, saß eine 70-jährige Frau, vollkommen gelähmt; sie war auf dem Sessel in den Wagen getragen worden, wie mir der Fahrer berichtete. Nach wenigen Worten Grönings bewegte sie die Arme, erhob sich, und als der Wagen sich in Bewegung setzte, winkte sie mit freudestrahlendem Gesicht der umstehenden Menschenmenge mit den bisher völlig bewegungslosen Armen und Händen zu.“ (*Münchner Merkur* vom 24. Juni 1949)

Dr. A. Kaul, ein Zeuge von 1949, veröffentlichte die Broschüre *Das Wunder von Herford.* Darin berichtet er:

„Ich habe Bruno Gröning oft mit Kranken sprechen gesehen, und immer hatte ich den Eindruck, er weint innerlich über diese Not und das menschliche Elend, das sich seinen Augen darbietet. Bruno Gröning ist ein Mann aus dem Volk. Eitelkeit ist ihm so fremd wie die Pose ...“

Heilung auf geistigem Weg

Bruno Gröning entsprach nicht dem Klischee eines Heiligen oder eines vergeistigten Geistheilers. Er war von gedrungener Gestalt, knapp 1,70 m groß, stammte aus der Welt der Arbeiter und redete in einer entsprechend einfachen Sprache. Seine Betätigung konnte nicht mit der eines Therapeuten oder Arztes verglichen werden.

Grönings Wirken wurde oft von Zeugen begleitet, nicht selten kamen auch skeptische Ärzte. Er wurde durch solche Zuschauer in keiner Weise irritiert, eher hatte er Mitleid mit diesen ungläubigen oder spirituell unwissenden Menschen. Die Begegnungen und Heilungen sind vielfach bezeugt, viele sind auch schriftlich belegt, insbesondere durch die Dankesschreiben der Geheilten.

Geld oder persönliche Profilierung waren nie ein Aspekt von Bruno Grönings Arbeit. Wenn sich Reiche ihre Heilung erkaufen wollten, wies er sie zusammen mit ihrem Geld ab. Heilung lässt sich nicht kaufen und kann nicht gefordert werden, ganz gemäß Jesu Aussage: „Dein Glaube hat dich geheilt."

Insgesamt kamen weit über zehntausend Hilfesuchende nach Herford, und 80 000 Bittbriefe überschwemmten in diesen Monaten die Herforder Post. Bei den Briefen und bei Bitten für solche, die nicht persönlich anreisen konnten, wirkte Bruno Gröning über Fernheilung. (In gewissen Fällen stellte er auch seine Hellsichtigkeit unter Beweis, indem er die Krankheit der betreffenden Menschen, die weit entfernt waren und von denen er nicht einmal den Namen wusste, aufs Genauste beschrieb.)

Heilverbot ... und noch größere Menschenmengen

Die biblischen Szenen von Kranken, Lahmen und Blinden, die plötzlich Heilung erfuhren, blieben nicht lange ungestört. Im Mai 1949 kamen von der Herforder Stadtverwaltung erste Heilverbote, weil Gröning angeblich gegen das Heilpraktikergesetz verstieß. Dies führte zu Protestkundgebungen von Heilungssuchenden, die aus ganz Deutschland, zum Teil unter größten Entbehrungen und Schmerzen, nach Herford gereist waren. Meinungsverschiedenheiten in der Stadtverwaltung führten zu einem Hin und Her von beschränkten Genehmigungen und neuen Verboten.

Doch schon bald erließ die Stadtregierung, vermutlich auf Druck „von oben“, ein Totalverbot. Bruno Gröning verließ Herford und wirkte an verschiedenen anderen Orten, hauptsächlich im Norden Deutschlands. In dieser Zeit bekam er auch eine Einladung vom Besitzer des „Traberhofs“, eines großen Pferdegestüts bei Rosenheim (südöstlich von München), mit der Bitte, er möge dort privat und im kleinen Rahmen wirken. Bruno Gröning nahm die Einladung an, aber als er nach Bayern reiste, dauerte die Ruhe nicht lange, denn die Journalisten erfuhren davon und veröffentlichten – entgegen Grönings ausdrücklicher Bitte – seinen Aufenthaltsort, was bewirkte, dass nach Rosenheim noch größere Menschenmengen kamen als nach Herford.

Während dieser Wochen im Spätsommer 1949 lagerten auf den Wiesen des Traberhofs bis zu 30 000 Menschen – ein Meer von Kranken, Kriegsgeschädigten und Invaliden. Gröning kümmerte sich einzeln um die Menschen, aber angesichts des nicht enden wollenden Zulaufs sprach er auch hier, wie in Herford, vom Balkon zur Menge – „Meine lieben Heilungssuchenden, euer Flehen und Bitten zum Herrgott war nicht umsonst“ –, und Blinde sahen plötzlich, Lahme konnten gehen, Krankheiten verschwanden. In einem besonders wunder-vollen Moment sangen die vielen Menschen spontan „Großer Gott, wir loben Dich“. Zeitungen, Rundfunk und Fernsehen waren voll von Berichten.
„Grönings Zusammenkunft mit den ungezählten Tausenden von Hilfesuchenden vor dem Traberhof bei Rosenheim war ein Ereignis von dramatischer Wucht: Die Wende der Zeiten, an der wir heute stehen, offenbarte sich mit einer sinnbildlichen Klarheit.

Die Leidenden, Verlassenen, vom Schicksal Geschlagenen, die mit der letzten Hoffnung auf Trost und Heilung zusammengeströmt

waren, sie alle waren Ankläger gegen das Zeitalter des Materialismus. [...] [Es] wurden geradezu biblische Szenen Wirklichkeit. Kranke richteten sich von Tragbahren auf, Gelähmte warfen ihre Krücken von sich und konnten gehen, ein blindes Kind wurde sehend, Dankesrufe kündeten von immer neuen Heilungen."
(Dr. Kurt Trampler: *Die große Umkehr – Fragen um Bruno Gröning,* 1950)
Die spektakulären Heilungen von Rosenheim waren ein Höhepunkt und auch Wendepunkt in Bruno Grönings Wirken, denn nun formierte sich eine massive Gegnerschaft ...

Ein Kinofilm verschwindet!

Über Bruno Grönings Wirken am Traberhof in Rosenheim entstand eine Filmdokumentation, die am 21. Oktober 1949 in Deutschland und danach auch in der Schweiz in die Kinos kam. Der Film war eine Sensation, und sogar in den Kinosälen kam es zu Spontanheilungen. Nach sechs Monaten verschwand der Film jedoch aus den Kinos und aus den Schlagzeilen, als ob er nie existiert hätte.
Der Film ist heute verschollen. Spätere Nachforschungen ergaben, dass auch die Produktionsfirma keine einzige Kopie mehr hatte. Es ist unmöglich, dass 1950 ein Kinofilm verloren geht. Das kann eigentlich nur eins bedeuten: Der Film wurde heimlich konfisziert! Gleichzeitig begann in der Presse eine Hetze gegen Bruno Gröning, und eine massive juristische Verfolgung setzte ein.

Sichtbare und unsichtbare Gegner

Bruno Gröning suchte immer die Zusammenarbeit mit den Ärzten und stellte sich vom 27. Juli bis 7. August 1949 einer Überprüfung durch Professoren der Universität Heidelberg. Ihm wurde versprochen, dass er beim Nachweis seiner Fähigkeiten die Möglichkeit bekomme, in Heilstätten unter geordneten Verhältnissen und in Zusammenarbeit mit Ärzten heilerisch tätig zu sein. Gröning war einverstanden und stellte sich dieser Untersuchung. Unter striktester ärztlicher Aufsicht kam es auch in Heidelberg zur Heil-

ung von Patienten, die von der Schulmedizin als unheilbar bezeichnet worden waren. Aber das ihm gegebene Versprechen wurde nicht eingehalten.
Vielmehr kam es am 22. September 1950 zu einem weiteren Heilverbot und 1951/1952 sogar zu einem Prozess, in dem ihm vorgeworfen wurde, gegen das Heilpraktikergesetz verstoßen zu haben. Er wurde mit großen Vorbehalten freigesprochen. Ihm wurde attestiert, er habe „in Unwissenheit über die Rechtslage" gehandelt, weshalb der Freispruch praktisch einem Heilverbot gleichkam, da er nun „die Rechtslage" kannte. So konnte er fortan nur noch in kleinen Kreisen wirken. Aber auch dort wurde er behindert, hauptsächlich von vermeintlichen Helfern, die an ihm Geld verdienen wollten und deshalb von ihm zurückgewiesen wurden. Einige begannen, aus Rache Lügen über Gröning zu verbreiten, und verbündeten sich mit seinen Gegnern. Ein neuer Gerichtsfall – mit dem Vorwurf des Verstoßes gegen das Heilpraktikergesetz und der fahrlässigen Tötung – wurde 1955 angestrengt.

Einer der skrupellosesten Verleumder Bruno Grönings war der Journalist Dr. Michael Graf Soltikow. Er versuchte sich zuerst in den Kreis der Mitarbeiter Grönings zu drängen und gab sich nach außen hin als Pressesprecher und rechtlicher Berater Grönings aus, nur um seinen Publikationen ein zusätzliches Gewicht zu verleihen (z. B. „Extrablatt – Gröning entlarvt"). Im Vorfeld des ersten Prozesses geschah es auch, dass Bruno Grönings Bruder, Karl Gröning, ihm in den Rücken fiel und mit dem Journalisten Karl Hohmann einen „Tatsachenbericht" voller Lügen und Verleumdungen verfasste (Hohmann stellte ihm dafür 50 000 DM, heute ca. 100 000 Euro, in Aussicht). Soltikow sandte diesen „Tatsachenbericht" an das Gericht, und dieses Lügendokument wurde zur Grundlage des 18-seitigen gerichtlichen Sachverständigengutachtens vom 24. Oktober 1951, das der gerichtlich bestellte Sachverständige Prof. Alexander Mitscherlich erstellte.
(Mitscherlich war ein Freudianer und bekennender Atheist, dementsprechend verfasste er ein extrem negatives „Gutachten".)

Obwohl Karl Gröning eineinhalb Jahre später seinen „Tatsachenbericht“ widerrief, indem er mit einer eidesstattlichen Erklärung (vom 4. November 1952) seinen Bruder um Verzeihung bat, wurde das 18-seitige Sachverständigengutachten vom 24. Oktober 1951 beim großen Prozess von 1955 als uneingeschränkte Grundlage verwendet und seitenlang zitiert. Karl Grönings Widerruf wurde dabei von der Presse und vom Gericht schlichtweg ignoriert! (Ausführlich dokumentiert von Dr. jur. Wolfgang Hausmann im Buch *Der große Prozess gegen Bruno Gröning 1955 – 1959*).

Ein von der Staatsanwaltschaft beauftragter Arzt verkündete 1950, Bruno Gröning leide unter „Größen- und Verfolgungswahn“. Der oben genannte atheistische Psychiater Prof. Alexander Mitscherlich beschrieb Gröning in seinem Gerichtsgutachten von 1951 als eine „krankhafte Persönlichkeit […] mit einem überdurchschnittlichen Maß an Suggestivkraft“. Auch heute noch kolportieren Gröning-Gegner aus atheistischen sowie kirchlichen und evangelikalen Kreisen häufig solche längst widerrufenen bzw. widerlegten Verleumdungen und unterdrücken dabei Hunderte von positiven Zeugenaussagen von ebenso namhaften und kompetenten Persönlichkeiten.
(Ausführliche Beschreibungen mit vielen Zeugenaussagen, Presseberichten und Dokumentationen finden sich zum Beispiel in diesen Büchern: *Hier ist die Wahrheit an und um Bruno Gröning* von Grete Häusler, *Bruno Gröning: Revolution in der Medizin – Rehabilitation eines Verkannten. Eine ärztliche Dokumentation der Heilung auf geistigem Wege* von Dr. med. Matthias Kamp und *„Die Wahrheit hat allein Bestand“: Bruno Gröning und sein Freundeskreis – Referenzen damals und heute* von Thomas Eich).

In den 1950er Jahren bekam Bruno Gröning auch verlockende Angebote aus dem Ausland, und es wäre für ihn ein leichtes gewesen, reich und berühmt zu werden. Aus Amerika winkten die Dollars, wenn er sich auf eine kommerziell organisierte Tournee eingelassen hätte. Gröning widerstand allen Versuchungen und blieb in Deutschland, obwohl ihm dort konstant größte Hindernisse in den Weg gelegt wurden.

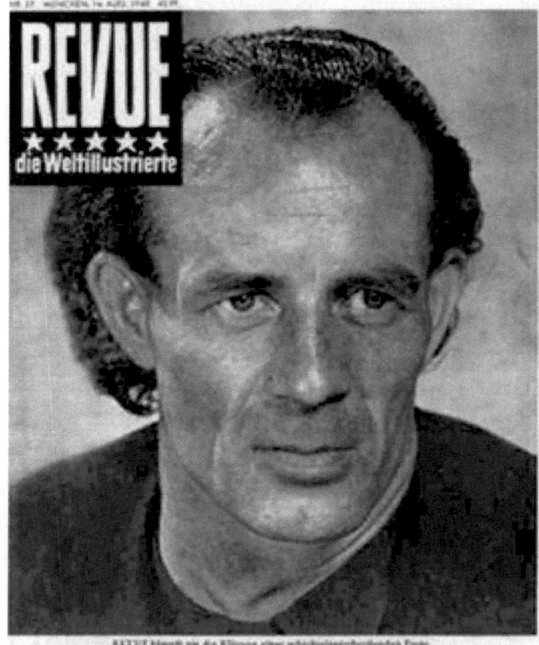

Ausgabe vom 14.8.1949 der "REVUE, die Weltillustrierte“: "Revue kämpft um die Klärung einer schicksalentscheidenden Frage“! Artikel zu finden unter: <u>Revolution in der Medizin?</u>

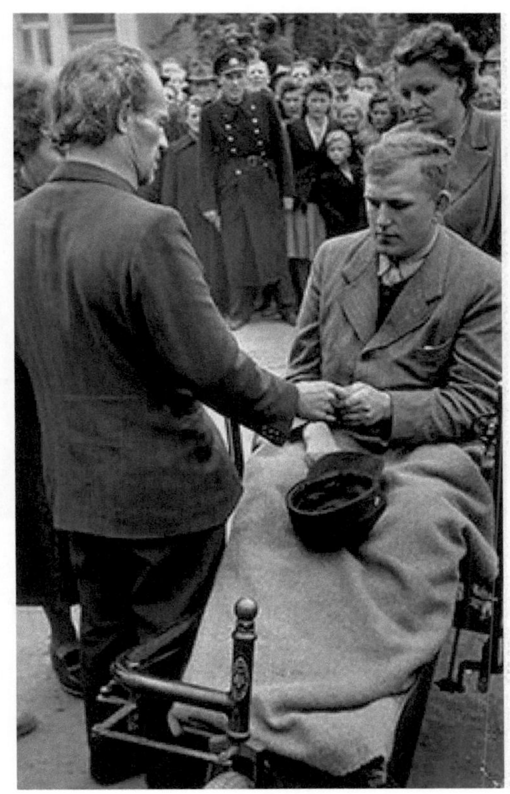

Bruno Gröning bei den öffentlichen Heilungen in Herford: „Der Gewalt dieses Bildes konnte sich keiner entziehen.
Die als skeptisch bekannten Herforder [...] umstanden den Platz hinter der Polizeiabsperrung in weitem Kreise und konnten nun Zeugen der Wirkungskraft Grönings an diesem Tage sein.“ (aus einem Bericht im Münchner Merkur, 24. Juni 1949)

Bis zu 30 000 Menschen strömten Anfang September 1949 auf den Traberhof bei Rosenheim.

„Ich habe Bruno Gröning oft mit Kranken sprechen gesehen, und immer hatte ich den Eindruck, er weint innerlich über diese Not und das menschliche Elend, das sich seinen Augen darbietet." (Dr. A. Kaul, in seiner Broschüre Das Wunder von Herford, 1949)

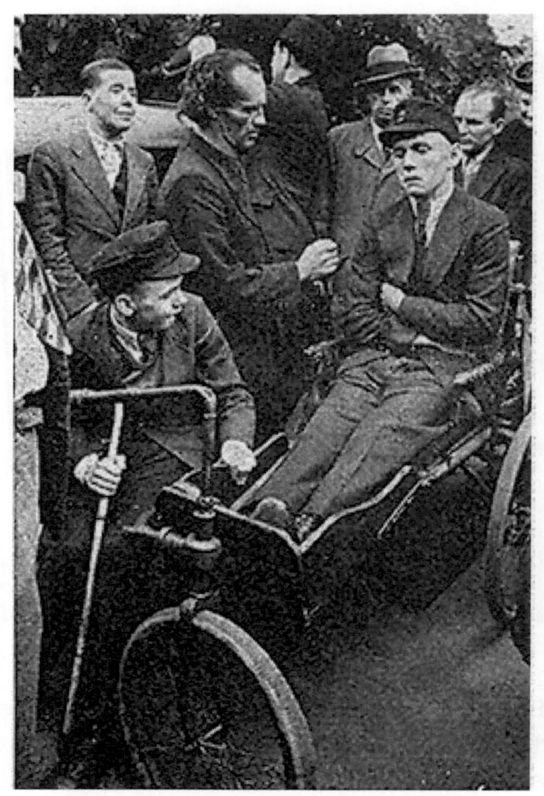

Herford 1949: Zwei Kriegsversehrte suchen Hilfe. Links im Bild ein junger Mann, der sich nur noch mit einem Gehstock fortbewegen kann. Der Mann im Rollsessel ist an beiden Beinen gelähmt. Vermutlich erlitt er im Krieg einen Durchschuss durch beide Knie.

Der junge Mann kann wieder gehen und übt nach mehr als fünf Jahren Gehbehinderung nun wieder das freihändige Gehen im eigenen Gleichgewicht.

Der Mann mit den zwei versteiften Knien konnte mit „neuen“ Kniegelenken aufstehen! Eine Wunderheilung, die an biblische Szenen erinnert. Dass die Heilung auch seine Seele erreichte, zeigt sein dankbar strahlendes Gesicht.

Der heute verschollene Film über die Wunderheilungen am Traberhof lief auch in der Schweiz. Hier eine erst vor Kurzem wieder entdeckte Kinoanzeige in der „Neuen Zürcher Zeitung“ (ca. 24. März 1950).

Herford, Ziel von Tausende

„Mir bleibt der Verstand stehen“

Bruno Gröning heilt Lahme, Blinde, Stumme ...

Zeitungsbericht über die Wunderheilungen von Herford.

Sonderausgabe über Grönings Erfolge

Sonderbericht von der Rosenheimer „Heilstätte“ / Herausgeber: Zeitungsblitz Hans Bentzinger, Rosenheim

Nummer 1 — Rosenheim, Anfang September 1949 — Preis 10 Dpf

Die Nacht der großen Heilungen

Sonderausgabe (Anfang September 1949) zu Bruno Grönings Wirken auf dem Traberhof bei Rosenheim.

Bruno Grönings Tod

Im Januar 1958 kam es zum Gerichtsurteil 2. Instanz, das Bruno Gröning in ganz Deutschland jegliche Heileraktivität verbot. Am 22. Januar 1959 begann die Gerichtsverhandlung in der 3. Instanz. Gröning war persönlich nicht anwesend, sondern war in Begleitung seiner zweiten Frau, der Französin Josette Dufossé, nach Paris gereist, wo er in einem Spital am 26. Januar verstarb. Der Termin der Verkündung des Urteils wurde auf den 5. Februar 1959 und dann auf den 5. März 1959 anberaumt. Wegen des Todes von Bruno Gröning wurde das Verfahren am 18. Februar 1959 jedoch für beendet erklärt. Man fühlt sich an das alte Bibelwort erinnert: „Der Prophet im eigenen Land wird verkannt."

Bruno Gröning begab sich zum Sterben in ein Spital, um nochmals zu zeigen, dass er die Zusammenarbeit mit den Ärzten suchte, und erlaubte eine Obduktion. Er hatte mehrfach gesagt, dass er „innerlich verbrenne", weil er nicht mehr heilen dürfe. Die Ärzte kommentierten nach der Obduktion, dass sie noch nie so etwas gesehen hatten und dass ein Mensch in diesem innerlichen Zustand schlimmste Schmerzen erleiden musste, von normaler Arbeitsfähigkeit und Herumreisen ganz zu schweigen. Bruno Gröning war jedoch bis zu seinem Tod aktiv und verstarb friedlich und ohne sichtbare Schmerzen.

Kurz vor seinem Verscheiden sagte Bruno Gröning: *„Was meine Gegner tun mussten, haben sie restlos getan und sind damit am Ende. Ebenso habe ich getan, was ich tun musste – dieses aber ist erst der Anfang!"*

Der göttliche Heilstrom

Bruno Gröning ging es nicht um seine Person. Er betonte immer, dass er nur ein Vermittler und „Transformator" sei. Dies zeigte sich auch dann, als er durch immer weiterreichende Heilverbote in seinem öffentlichen Wirken behindert wurde. Er reagierte nicht

mit Zorn oder Resignation, sondern mit einer noch größeren Vision. Er sagte sinngemäß, dass durch ihn als einzelnen Menschen Tausende von Menschen geheilt werden können, aber wenn die Menschen lernten, sich selbst zu heilen, würden Millionen von Menschen, ja die gesamte Menschheit geheilt werden. Und so konzentrierte er sich darauf, Selbstheilung durch den göttlichen Heilstrom zu lehren. Berühmt ist in diesem Zusammenhang seine Aussage:
„Aufzuhalten ist es nicht. In der ganzen Welt soll sich die Heilung vollziehen."

So sensationell Bruno Grönings Heileraktivität auch war, so einfach war seine Erklärung: Ursprünglich ist der Mensch in lebendiger Einheit mit Gott verbunden, doch wenn der Mensch aus dieser Verbindung herausfällt, trennt er sich von der göttlichen Quelle und gibt sich dem Bösen preis, was zu innerer Leere, Sinnlosigkeit und Gottlosigkeit führt, mit all den daraus folgenden Konsequenzen, auch gesundheitlich. Aber Gottes unbegrenzte Kraft bleibt allgegenwärtig wirksam, und sie hat als „Heilstrom" auch eine unbegrenzte Heilkraft. Wer sich wieder für diese Kraft öffnet, kann Heilung und andere Formen von Hilfe empfangen: *„Gott gibt uns alles Gute, nur müssen wir all das Seine, das er uns sendet, in uns aufnehmen."*

Normalerweise muss jeder Mensch für sich selbst den Heilstrom aufnehmen. Nach dem Zweiten Weltkrieg jedoch war die Not derart groß, dass Hilfe und Gnade zu den Menschen kamen. *„Euer Flehen und Bitten zum Herrgott war nicht umsonst."*

Gröning betonte immer, dass die Heilungen nicht von ihm als Person abhängig sind. Er sagte nie: „Ich heile ..." Vielmehr berief er sich immer auf Gott: *Gott heilt, Gott ist der größte Arzt.* Den Geheilten antwortete er immer: *„Danken Sie nicht mir, danken Sie dem Herrgott."* Sein wichtigster Satz war: *„Glaube und vertraue! Es hilft, es heilt die göttliche Kraft."* Dieser Satz steht auch auf seinem Grabstein im Friedhof von Dillenburg.

Bruno Gröning wirkte als ein Transformator, der die göttliche Heilkraft an die Menschen weiterleitete. Eine solche energetische Leistung stellte auch physisch eine einzigartige Funktion dar und war, laut Grönings eigenen Aussagen, der Grund, warum sein Hals in gewissen Phasen auf beiden Seiten deutlich an Umfang zunahm. Wie mit seinen Heilungen und seinem Tod, so war Bruno Gröning auch mit dieser anatomischen Eigenheit für die Ärzte ein Rätsel.

Die Heilungen geschehen weiter

Nach 1959 existierte der damalige Gröning-Verein in einem kleinen Rahmen weiter und scheute die Öffentlichkeit aufgrund der Angst vor weiteren negativen Artikeln. Es sah so aus, wie wenn mit Grönings Tod auch seine revolutionäre Vision erloschen war – „die große Umkehr", wie er es nannte: Heilung und Bewusstseinswandel auf der ganzen Welt, auch in der Wissenschaft, in der Medizin und in der Politik.

Mehrere Jahre lang geschah scheinbar nichts. Doch die Erinnerung an die biblischen Szenen und an den Mann, der für sein Wirken und Helfen verleumdet und verfolgt worden war, blieb bei vielen Menschen lebendig. Besonders zu erwähnen ist Grete Häusler (1922–2007), die 1950 drei Spontanheilungen erfahren und danach aus Dankbarkeit Bruno Gröning mehrfach begleitet und eingeladen hatte. In privaten Kreisen erlebte sie nun, dass Menschen Spontanheilungen erfuhren, nur wenn sie von Bruno Gröning und seinen Lehren erzählte. Ab 1964 begann sie, erste neue Gruppen von Interessierten zu gründen, zuerst in Deutschland und dann auch in Österreich und in der Schweiz, immer wieder mit vereinzelten erstaunlichen Heilungen. 1979 enthob der Gröning-Verein sie der meisten Ämter und wollte (wegen des finanziellen Aufwandes) diese Form von Aktivität stoppen.

Grete Häusler ging in eine Phase der Einkehr, des Gebets und des Gesprächs mit Gleichgesinnten und kam dann, als Hausfrau und Mutter, zum Entschluss, fast von Null auf etwas Neues aufzubauen, und gründete den Bruno-Gröning-Freundeskreis. Und es kam zu weiteren Heilungen und persönlichen Wundern: „Hilfe und Heilung auf geistigem Weg nach der Lehre Bruno Grönings", wie Grete Häusler es nannte.

Der Freundeskreis wuchs stetig, und es kamen auch Ärzte und Heilpraktiker hinzu. 1992 gründete Dr. med. Matthias Kamp die „Medizinisch-Wissenschaftliche Fachgruppe", in der heute weltweit rund 4000 Menschen mitwirken, die die erfolgten Heilungen medizinisch dokumentieren. Mittlerweile ist der Freundeskreis in rund 100 Ländern aktiv.

Was Bruno Gröning vor seinem Verscheiden gesagt hatte („dieses aber ist erst der Anfang"), erwies sich als prophetisch. Das müssen auch die kirchlichen und sonstigen Kritiker einräumen, obwohl sie nicht von „prophetisch" sprechen, sondern nunmehr von „Sekte", „falschen Heilungsversprechen", „Placebo-Effekt" usw.

Im Gröning-Freundeskreis sind alle Beteiligten ehrenamtlich tätig, niemand bekommt Honorare, und es wird immer betont, dass von ärztlichem Besuch nicht abgeraten wird. Eigenverantwortung ist das Entscheidende. Ob sich jemand für eine Behandlung durch die Schulmedizin oder die Komplementärmedizin entscheidet, die Aufnahme des Heilstroms wirkt in jedem Fall unterstützend – bis hin zu langsamen oder spontanen Heilungen auch in Fällen, wo die herkömmliche Medizin die Diagnose „unheilbar" erteilte.

Verbindung mit dem Heilstrom

Das Sichverbinden mit dem Heilstrom und Empfangen von Heilenergie aus der göttlichen Quelle nannte Bruno Gröning „Sich-Einstellen". Um „sich einzustellen", wird empfohlen: sich gerade hin-

setzen, den Rücken nicht anlehnen, Arme und Beine nicht kreuzen, die Hände auf den Oberschenkeln mit der Handfläche nach oben, Loslassen aller störenden Gedanken, Konzentration auf den Heilstrom, gefolgt vom geistigen Formulieren oder lauten Aussprechen eines Dankes und aller Bitten, die uns am Herzen liegen – Bitten für uns selbst und unsere Gesundheit, für unsere Herzenswünsche, Bitten für andere Menschen, für die ganze Menschheit, die Natur und die Erde. Nur schon ein sporadisches Sich-Einstellen ist heilsam und wirkungsvoll. Empfohlen ist jedoch, sich täglich am Morgen und am Abend „einzustellen".
Wenn Menschen einzeln oder in einer Gruppe sich einstellen, entsteht ein Kraftfeld, das es ermöglicht, dass der Heilstrom empfangen werden kann, was immer wieder auch zu Heilungen führt. Bei diesem Phänomen werden wir das Wort Jesu erinnert: „Wo immer zwei oder drei in meinem Namen zusammenkommen, bin ich in ihrer Mitte." (Mt 18,20)

Kritiker mit „religiöser" Motivation

Angesichts der großen Scharen von Hilfesuchenden, die zu Bruno Gröning kamen, sprachen die Medienberichte und die Augenzeugen oftmals von „biblischen Szenen". Dass Jesus allein mit göttlicher Kraft Krankheiten heilen konnte, halten heute viele Menschen für Übertreibung oder gläubige Erfindung. Aber nun wurde mitten im 20. Jahrhundert ein ähnliches Phänomen sichtbar, und zwar in vielfacher Wiederholung und vielfach bezeugt und dokumentiert. Durch Bruno Grönings Beispiel mussten Jesu Wundertaten auch Skeptikern auf einmal als reale Tatsache erscheinen. Dennoch wurde Bruno Gröning auch von Kirchenvertretern und Bibelfundamentalisten angegriffen. Sie unterstellten ihm unlautere Absichten und ungöttliches Wirken, ähnlich wie die Pharisäer sagten (Mk 3.22), Jesus stehe „mit dem Teufel im Bund"!

Dieser Punkt ist Teil meines Artikels *Bruno Gröning im Licht der Bibel – und allgemein: Jesu Kriterien für wahre Gottverbunden-*

heit. Dennoch möchte ich auch hier Jesu Antwort auf diese massive Anschuldigung zitieren. Er sagte:

„Wie kann der Satan sich selbst austreiben? [...] Wenn der Satan sich selbst austriebe, dann wäre er mit sich selbst uneinig. Wie könnte dann seine Herrschaft bestehen?" (Mk 3,23; Mt 12,26)

Jesu Logik ist einfach: Der Satan treibt nicht sich selbst aus und will die Menschen nicht in die Gesundheit, in die geistige Freiheit und Gottverbundenheit führen – er könnte es auch gar nicht, so wie Dunkelheit (als Symbol für die Getrenntheit vom Licht) nicht sich selbst auflösen kann. Wenn wir Bruno Grönings Wirken betrachten, stellen wir fest: Er befreite die Menschen von Krankheit, von Kriegsverletzungen, von den Folgen traumatischer Erlebnisse, usw. Er half dort, wo Ärzte machtlos waren, und half auch den Ärmsten, die nicht das Geld für teure Operationen hatten – wobei viele dieser Menschen ohnehin als unheilbar eingestuft waren. Er bestärkte die Menschen in ihrem Glauben an Gott, verbreitete durch seine Erscheinung Ruhe, Lebensfreude und Nächstenliebe, wollte aber nie persönlich verehrt oder als „Messias" betrachtet werden; er band nie irgendwelche Menschen an sich oder an seine Gemeinschaften, sondern führte die Menschen in eine innere Freiheit. Er erhob auch keinen religiösen Absolutheitsanspruch, auch nicht für die christliche Religion, obwohl er sich selbst als Christ sah. Er berief sich auf Gottes Kraft und warnte dabei auch deutlich vor den Einflüssen der negativen Mächte – frei von Dogmen, aber auch frei von atheistisch-esoterischen Floskeln wie „Alles ist eins", „alles ist relativ", „es gibt nichts Negatives, nichts Falsches", usw.

Geistheilung und Glaube

„Dein Glaube hat dich geheilt", sagte Jesus zu den Geheilten. Mit „Glaube" ist nicht ein blinder Glaube oder ein Dogmatismus gemeint. Wahrer Glaube ist die Kraft des Geistes im Licht eines höheren Wissens, das über ein einseitiges Kopfdenken hinausgeht. „Selig sind die, die sehen und wenigstens dann glauben."

Und die Realität des Geistes beweist sich ständig. Ohne die Kraft des Geistes könnte unser physischer Körper nicht leben. Es ist der Geist, der unseren Körper bewegt und lebendig macht. Der Geist, d. h. die Kraft des Bewusstseins, bewirkt aber noch viel mehr als „nur“ die Beseelung unserer physischen und psychischen Vorgänge. So wie wir uns mit einer falschen geistigen Ausrichtung krank machen können, kann der Geist uns auch gesund machen, wenn wir daran glauben und uns entsprechend ausrichten – und wenn es unserer Lebensbestimmung entspricht.

Geistheilung verläuft nicht auf Knopfdruck. Geistheilung ist absolut individuell und kann nicht gefordert oder erzwungen werden. Dennoch geschieht sie vielfach und braucht sich nicht nur auf Krankheiten zu beschränken. Wie eingangs erwähnt, erfordert die heutige Weltlage eine kollektive Geistheilung. Das ist keine Utopie, sondern eine Vision aufgrund von wahrem Glauben und der Einsicht in das universale Gebet „Dein Wille geschehe“.

Wir können dem Zeitgeist von Atheismus, Dogmatismus und Zynismus nachgeben und diese Vision ungläubig abtun, oder wir können uns mit der göttlichen Quelle verbinden und dadurch den Heilstrom durch uns in die Welt strahlen lassen.

„Jeder, der an mich glaubt, wird die Taten, die ich tue, auch tun und wird sogar noch größere als diese tun; denn ich gehe zum Vater, und was ihr in meinem Namen erbitten werdet, das werde ich tun ...“ (Joh 14,12f.).

Hier hat jeder Mensch das gleiche Potenzial, unabhängig davon, ob wir intellektuell und akademisch ausgerichtet sind oder zu den „einfachen“ Arbeitern gehören wie Bruno Gröning. Glaube kann Berge versetzen (siehe Mt 17,20), und das Phänomen der Geistheilung hilft uns, tatsächlich an diese Vision zu glauben – mit all den konkreten Schritten, die sich aus dieser inneren Inspiration heraus ergeben.

Schlüssel zu göttlicher Kraft und Heilung

Das Weltbild der materialistischen Wissenschaft hat für Bruno Grönings Wirken keine Erklärung. Seine Erfolge sind jedoch eine historische Tatsache und können nicht geleugnet werden. Nicht einmal seine Gegner bestritten die Heilungen. Auch die Staatsanwaltschaft und das Gericht bestätigten die Realität der Heilungen, indem sie Bruno Gröning vorwarfen, er heile und verstoße damit gegen das Heilpraktikergesetz.
Aufgrund dieser Fakten ist es längst überfällig, dass wir das materialistische Weltbild als widerlegt erkennen und über diese fatale Beschränktheit hinausgehen. Die Menschen können und „müssen" sich wieder als Teil einer multidimensionalen und letztlich spirituellen Realität erkennen.

Der Heilstrom und das damit verbundene Wissen und Handeln sind der Schlüssel zu den höheren Realitäten und göttlichen Aspekten unseres Lebens. Dieser Schlüssel steht allen Menschen zur Verfügung, nur dürfen wir uns dieses Schlüssels nicht berauben lassen (durch Unglauben, Stress, Ablenkung, Atheismus, Fundamentalismus usw.). Heute, wo das Versagen der modernen Zivilisation immer deutlicher wird, sind wir gefordert, das göttliche Prinzip des Bittens und Empfangens in unser eigenes Leben zu integrieren und uns wieder bewusst mit der göttlichen Urkraft, dem „Heilstrom", zu verbinden. Vorbilder und Pioniere wie Bruno Gröning können uns helfen, uns an unsere eigene Göttlichkeit und Gottverbundenheit zu erinnern.

Quellen und weiterführende Information

- Bruno Gröning-Freundeskreis: www.bruno-groening.org
- Literatur und Zeitschrift über Bruno Gröning und den Freundeskreis: www.gh-verlag.de
- Bruno Gröning-Freundeskreis–Dokumentarfilme: bruno-groening-film.org
- Bruno Grönings Lehre aus wissenschaftlicher Sicht: bruno-groening-w.org

Autor: Armin Risi

Link: armin-risi.ch/Artikel/Theologie/Bruno-Groening-Geistheilung-als-Schluessel-zur-globalen-Heilung.php

Notizen

Notizen

Notizen